KB220456

무비 스님의
예불문

무비 스님의

예불문

조계종
출판사

예불이란 부처님께 예배드리는 것으로서
믿음의 문을 여는 출발점이라 할 수 있다.

책을 펴내며

「예불문」이란 부처님 전에 예경을 드릴 때 외우는 글이다. 불교에서는 예경을 드리든 남을 칭찬하든 온전하게 하려면 신·구·의 삼업三業이 모두 동원이 되어서 함께해야 한다고 생각한다. 그러므로 부처님께 절만 하거나 마음으로만 경의를 표하는 것이 아니라 입으로 예경의 의미를 소리 내어 읊조리면서 한다. 이것이 「예불문」이다.

「예불문」은 매우 짧은 글이지만 그 안에는 불교의 요체가 모두 담겨 있다. 삼학三學인 계·정·혜와 불교의 오대요의五大要義인 계·정·혜·해탈·해탈지견까지, 그리고 불교의 기둥인 불·법·승 삼보三寶와 삼보를 예경하는 의미와 그 공덕까지 이야기하고 있다.

삼보를 예경하는 마음은 『법화경』에 등장하는 상불경常不輕 보살 이야기에 잘 표현되어 있다. 상불경 보살은 언제나 사람들을 만나면 이렇게 말씀하셨다.

"나는 당신을 존경합니다. 나는 당신을 진실로 존경합니다.

어떠한 경우라도 당신을 가벼이 여기지 않습니다. 언제까지
나 당신을 부처님같이 받들고 존경하겠습니다. 당신의 진실
한 모습은 부처님이기 때문입니다.”

　승·속을 막론하고 사찰을 참배하는 사람은 제일 먼저 부처님
께 예경을 드린다. 뿐만 아니라 불교에서 하는 모든 행사는 예불
로부터 시작된다. 사찰의 하루 일과도 새벽예불로부터 시작하며,
하루의 마감도 저녁예불로 끝낸다.
　이처럼 삼보 전에 예경을 드리는 일은 불교의 처음이며 끝이라
고 할 수 있다. 예불을 드리면서 불교의 요체가 모두 담겨 있는 이
「예불문」을 외우고 그 뜻을 마음 깊이 새기는 것은 예불의 의미와
공덕을 극대화하는 일이다.
　이번에 조계종출판사에서 「예불문」 강의 개정판을 내면서 기
대하는 바가 크다. 우리나라 불자의 수가 다른 종교에 비하여 크
게 증가하고 있다. 기존의 불자님들이 예불의 의미를 새롭고 바르
게 이해할 수 있도록 하는 데에도 그 목적이 있지만, 특히 새로 발

심한 불자들에게 불교의 ABC가 되는 예불의 의미를 바르게 알려
주고자 하는 마음에서 이 책을 펴내게 되었다. 참으로 필요한 일
이다.

이 책을 출판하는 데 인연을 함께한 모든 분들의 공덕을 기
린다. 그리고 이 책을 읽고 불교에 눈을 뜨게 된 많은 분들이 성불
하시어 중생제도로 이어지기를 간절히 기도드린다.

2005년 가을 금정산 범어사 서지전에서 여천 무비

차례

서론

1. 바른 믿음, 바른 이해, 바른 실천

:

올바른 신행생활은 올바른 믿음과 올바른 이해와 올바른 실천에서 비롯된다고 하겠습니다. 요즈음에는 그런 운동의 일환으로 법회도 많이 열리고, 경전 강의와 교양대학 등이 성행하고 있습니다.

우리가 법회나 강의를 통하여 불교를 이론적으로 정확하게 알고자 하는 것은 불자로서 부처님을 믿고 그 가르침대로 살려고 하는 데 목적이 있습니다.

부처님의 가르침은 그 어느 것과도 비교될 수 없는 높고 훌륭한 것입니다. 그런데 우리가 그것을 올바로 믿고 실천하지 못하는 것은 올바로 알지 못했기 때문입니다.

불교에 대한 올바른 지식은 올바른 믿음과 올바른 실천을 하기 위한 주춧돌 역할을 합니다. 다시 말해서 올바른 불교 지식의 함양은 올바른 믿음과 올바른 실천의 밑바탕이 되는 것입니다. 경전 공부를 통하여 올바른 불교 지식을 습득함은 물론 그 과정에서 우리가 얻을 수 있는 또 한 가지는 항상 공부하는 불자의 자세를 확립하는 것입니다.

대부분 불자들의 신행생활은 좀 막연하고 맹목적인 경향이 있습니다. 어떻게 보면 순수한 신심이긴 하지만 거기서 조금만 더 신경을 쓴다면 좋은 불자가 될 수 있습니다. 여기서 좋은 불자란 바로 공부하는 불자를 말하는 것입니다.

부처님의 말씀을 올바르게 공부함으로써 불교를 올바르게 믿을 수 있고, 올바르게 이해할 수 있고, 또 올바르게 실천할 수 있는 것입니다. 부처님께서는 『법구경』에서 이렇게 말씀하셨습니다.

잠 못 드는 사람에게 밤은 길고
피곤한 나그네에게 길이 멀듯이,
진리를 모르는 사람에게
인생의 밤길은 멀고 험하다.

우리의 신행생활은 바로 그와 같습니다. 올바른 진리의 가르침을 가장 정확히 바로 아는 것은 우리의 인생을 보다 잘 가꾸기 위한 중요한 조건이 됩니다.

예를 들어 어떤 기계를 하나 샀을 때 그 기계의 조작법을 모른다면 그것이 아무리 좋다고 해도 쓸모가 없을 것입니다. 그러나 비록 보잘것없는 물건이라도 그 조작법을 환히 안다면 거기에는 엄청난 즐거움이 있습니다.

그와 마찬가지로 부처님의 가르침을 믿고 따르는 불제자로서 불교 교리에 대해서 올바로 알고 있다면 더욱 신심이 날 것은 당연한 이치입니다.

간혹 신도 교육을 하지 않는 종파도 있다고 합니다. 그것은 크게 잘못된 것입니다. 진정한 신심은 올바로 앎으로써 우러나는 것입니다. 올바로 아는 일은 바람직한 불자의 모습을 형성하는 근본 바탕이 되는 것입니다. 그것은 곧 불교의 이상인 상구보리上求菩提이며 자리행自利行의 실현입니다.

올바른 불자란 결국 이 세상에서 모범적인 인간이 되는 것입니다. 그렇게 되기 위해서는 올바로 아는 일이 선행되어야 합니다. 그것은 바로 자기 자신을 이롭게 하는 일이며, 나아가서 부처님이나 관세음보살처럼 자비행을 실천할 수 있는 계기가 되는 것입니다.

여기서 자기 혼자 알고 있는 것에서 그칠 것이 아니라 한 걸음 더 나아가 전법사傳法師의 역할까지 욕심을 부려 보는 것도 좋을 것입니다. 요즈음에는 불교를 알고 싶어하는 사람이 꽤 많습니다. 우리가 좀더 신경을 쓰고 공부하여 그런 사람들에게 법을 접할 수 있는 기회를 더 많이 제공한다면 큰 공덕을 짓는 일이 될 것입니다. 이것은 결코 어려운 일이 아닙니다. 마음만 내면 가능한 일입니다.

흔히 방생이나 기도에 대한 포교는 쉽게 하는 경우가 많습니다. 이제는 그 정도의 포교에서 한 걸음 더 나아가 부처님의 말씀을 전하는 일까지 좀더 적극적인 포교사의 역할도 수행해야 합니다. 그렇게 될 때 비로소 하화중생下化衆生의 이타행利他行도 실천할 수 있게 되는 것입니다.

그것이 바로 불교의 최종 목적입니다. 그래서 모든 사람들이 지향하는 평화와 행복이 각 가정과 사회에 넘쳐날 때, 궁극적으로 불국토가 이루어지는 것입니다. 불교인으로서 이 사회에 부처님의 가르침을 통해 조금이라도 기여할 수 있고 보탬이 되는 일이란 다름 아닌 상구보리 하화중생의 자리이타행의 실천에 있습니다. 자기 자신이 처한 가정에서부터 이웃과 사회가 부처님의 가르침을 바르게 믿고 바르게 알고, 바르게 실천함으로써 보다 밝아지고 맑아진다면 그것이 바로 진정한 불국토 건설인 것입니다.

　'행지구비行知俱備는 여거이륜如車二輪이라'는 말이 있습니다. 우리는 평소에 신행생활을 잘하고 있습니다. 여기에 아는 것이 합쳐져 올바른 이해가 밑받침된다면, 마치 수레의 두 바퀴가 균형을 이뤄 굴러가는 것과 같다는 말입니다.

　수레가 하나의 바퀴로 굴러가기는 힘이 들지만 두 바퀴가 균형을 이루면 쉽게 굴러갈 수 있습니다. 완전한 신앙인이 되려면 기도하고 불공 드리는 그 믿음의 바닥에 불교에 대한 올바른 이해가 깔려 있어야 합니다.

2. 공부하는 아버지, 공부하는 어머니

:

앞에서 잠깐 올바른 불교 지식의 습득은 공부하는 불자상을 확립할 수 있다고 했습니다. 이 기회에 그와 연관지어 교육이란 문제에 대해 곰곰이 생각해 보는 것도 좋을 것입니다. 우리의 일생은 태어나서부터 죽는 날까지 계속 배우고 갈고 닦는 일로 이어진다고 해도 과언이 아닙니다. 우리가 종교를 가지는 일도 결국 그러한 맥락에서 이해되어져야 합니다.

교육이란 흉내나 모방에서 시작합니다. 절에 와서 공부하는 것을 흉내냄으로써 그것이 가정에까지 연결되어 공부하는 부모가 되어야 합니다. 부모의 공부하는 모습이 자녀에게 미치는 영향은 참으로 엄청난 것입니다. 부모는 공부하지 않으면서 자식들에게만 자꾸 공부하라고 잔소리하는 것은 올바른 교육방법이 못 됩니다.

공부란 학생들만 하는 것이 아닙니다. 요즈음에는 전인교육이니 평생교육이니 해서 누구나 평생을 통해서 배워야 함을 강조하고 있습니다. 결국 부모가 공부하는 모습을 계속 보인다면 그 가정의 분위기나 자녀들에게 미치는 교육효과는 참으로 지대할 것입니다.

유태인들이 자랑하는 근래의 인물로, 외교관으로서 명성이 높은 키신저를 들 수 있습니다. 그는 글자도 모르는 아주 어릴 때부터 자기 아버지가 공부하는 옆에 앉아 항상 아버지의 공부 흉내를 내었다고 합니다. 아버지가 책장을 한 장 넘기면 어린 키신저도 그 모습을 보고 역시 한 장을 넘겼습니다. 또 한 장을 넘기면 역시 따라서 또 한 장을 넘기며 공부하는 흉내를 내었다고 합니다.

요즈음은 교육 문제가 너무 심각하여 때때로 빗나가는 경우도 있는데, 유태인의 교육은 무서울 정도로 대단하다고 합니다. 유태인들은 입학식 날 아이들에게 꿀을 바른 과자 모양의 성경 구절이 적힌 공책을 나누어 줍니다. 그리고 그것을 혀로 핥도록 합니다. 그리고 선생님께서 하는 첫 마디가, 공부란 그렇게 달콤한 것이라고 아이들의 의식 속에 심어줍니다. 그래서 공부는 하기 싫은 것이 아니라 아주 재미있고, 먹으면 자기 몸에 이로운 것이라고 가르쳤다고 합니다.

유태인이 오랜 세월 동안 나라 없이 떠돌아다녔지만 세계에서 자랑할 만한 인물이 많은 것은 교육에 대한 중요성을 항상 강조해 왔으며, 또 그것을 실천했기 때문입니다.

거듭 강조하지만 부모의 공부에 대한 열성적이고 진지한 태도가 자녀에게 미치는 영향은 대단히 큰 것입니다. 불교를 공부하는 불자들만이라도 자녀들에게 실질적으로 모범을 보이는 태도를 몸소 실천해야 합니다.

　승가에서는 배우는 일을 가리켜, 옥도 다듬지 않으면 아름다운 물건이 되지 않듯이 사람도 평생을 통해서 배우지 않으면 인생의 참다운 길을 모른다고 하여 '옥불탁불성기玉不琢不成器 인불학부지도人不學不知道'라는 비유를 자주 인용합니다.

　아주 작은 기계 하나라도 그것을 조작하려면 배워야 합니다. 하물며 인생이라고 하는 거대한 기계를 운영하는 데 올바른 지혜의 배움이 없어서는 안 될 것입니다. 이런 의미에서 불교란 바로 인생학입니다.

3. 부처님의 가르침은 큰 바다와 같다

:

흔히 불법을 큰 바다에 비유해서 불법대해佛法大海라는 표현을 씁니다. 불법을 바다에 비유하는 것은 바다가 넓기 때문만은 아닙니다. 바다는 '불숙사시不宿死屍'라고 해서 죽은 시체를 머물게 하지 않습니다. 바다는 사람이 빠져 시체가 되든, 더러운 오물을 집어던지든, 기름을 흘려보내든 간에 그 어떤 더러운 것이 바다에 떨어져도 그것을 걸러내어 청정하게 하는 기능을 가지고 있습니다. 바다는 자체적으로 정화시키는 힘을 가졌으며, 정화하지 못하는 찌꺼기는 결국 바닷가로 밀어내는 속성이 있습니다.

불법을 바다에 비유한 이유가 여기에 있습니다. 우리의 삶은 여러 가지 어려운 상황 때문에 온갖 부정적이고 그늘지고 어두운 것들로 덮여 있습니다. 그렇지만 불법이란 바닷속으로 들어옴으로써 그러한 삶의 찌꺼기들이 전부 정화되는 것입니다. 우리가 불법 속에 들어와서 기도를 하거나 불공을 드리거나 참선 공부를 하는 일은 우리의 인생살이에서 좋지 않은 온갖 부정적인 불행과 아픔

들을 정화시키는 작업입니다. 그래서 우리의 삶이 긍정적인 방향으로 바뀌어 저 푸른 하늘처럼 맑고 깨끗한, 청정한 삶으로 완성되게 하는 것입니다.

불법 속에는 복이 없는 사람은 복을 얻을 수 있고, 덕이 없는 사람은 덕을 얻을 수 있으며, 지혜가 없어 어리석은 사람은 지혜의 빛을 얻을 수 있는 무한한 보배창고가 있습니다. 불법을 믿으면서 조금이라도 그러한 것을 얻지 못했다면 그것은 자기 자신에게 문제가 있는 것입니다. 왜냐하면 불법 속에는 온갖 어둠의 찌꺼기를 정화하여 밝음의 빛으로 승화시키는 힘이 있기 때문입니다.

바다는 한순간도 가만히 있지 않습니다. 외부로부터 들어온 오물을 자체적으로 정화시키든지 아니면 밖으로 밀어내는 일을 끊임없이 반복하기 때문입니다. 우리는 각자 바다와 같은 정화 작업을 게을리하지 말아야 합니다. 그래서 개인의 정화작용이 가정으로 이어지고, 나아가서 사회가 정화된다면 진정한 불국토 건설이 불가능한 것만은 아닌 것입니다.

4. 영원히 젊게 사는 비결
:

부처님의 가르침에는 우리가 원하는 바를 모두 성취시켜 주는 지혜의 열쇠가 그 속에 들어 있습니다. 부자가 되고 싶은 사람은 부자가 되게 하고, 복을 얻고 싶은 사람에게는 복을 짓게 하는 온갖 지혜가 가득 담겨 있는데, 그중에서도 영원히 젊게 사는 비결이 숨어 있습니다. 누구든지 마음만 먹으면 부처님의 가르침을 통하여 영원히 젊게 사는 행운을 얻을 수 있습니다. 그것은 바로 학생의 자세로 돌아가는 것입니다.

불교 공부는 배울 것이 너무 많아서 평생을 해도 다 못하는 분량입니다. 삼생三生을 드나들면서 공부해야 겨우 다 읽을 수 있는 것이 불교의 팔만대장경입니다.

그래서 불교 공부는 하면 할수록 할 것이 더욱 많은 것입니다. 그것은 우리에게 공부의 공덕을 얻게 해 줍니다. 공부의 가장 빠른 공덕은 다시 한 번 공부를 더 할 수 있다는 것입니다. 나쁜 짓을 하면 그 과보로 또다시 나쁜 짓을 계속 반복하게 되는 것과 같이, 공부의 공덕은 공부를 계속할 수 있다는 것입니다.

우리가 보시를 하거나 선행을 하면 그 과보가 결과적으로 착한 일을 거듭할 수 있게 하는 것입니다. 다시 말해서 나쁜 일을 저지른 가장 확실한 과보는 나쁜 일을 한 번 더 쉽게 할 수 있다는 것이며, 좋은 일을 한 가장 확실한 공덕 또한 좋은 일을 한 번 더 반복할 수 있다는 것입니다. 좋은 일도 자꾸 연습하면 계속 이어지듯이 공부도 거듭 반복되면 선업善業으로 굳어질 수 있는 것입니다. 이런 점에서 공부할 것이 많은 불교는 우리에게 커다란 이익을 줍니다.

우리는 부처님의 많은 가르침 중에서 학생의 자세로 돌아가서 영원히 젊게 살도록 하는 가르침을 몸소 실천해야 합니다. 학생이란 기대와 포부, 희망과 꿈을 갖고 향상되고 발전된 내일을 기대하는 사람입니다. 설사 초등학생이라고 하더라도 그런 포부와 꿈과 희망과 기대감이 없다면 그것은 이미 학생이 아닌 것입니다.

영원히 젊게 살려면 학생의 자세로 돌아가야 합니다. 젊음이란 꿈과 희망과 기대와 포부를 가슴에 가득히 담고 용기와 활력으로 인생을 살아가는 것을 말합니다. 그런 마음으로 불교를 공부하는 사람은 모든 사람을 이끌 수 있는 광명의 깃발을 높이 들고 선봉장에 서는 것입니다[受持身是光明幢].

불교에는 온갖 교리가 많지만 그 안에는 항상 꿈과 희망과 포부와 기대를 갖고 신선한 느낌으로 생기발랄하게 살아가라는 교훈이 들어 있다는 것을 잊어서는 안 됩니다. 그렇기 때문에 불교 공부는 영원히 해야 하는 것이며 할 것이 많은 것입니다.

불교는 어떤 한계에 부딪혀서 얽매이게 하지 않습니다. 끝없이 희망과 꿈과 포부와 기대를 갖고 발전하라고 가르치고 있습니다. 부처님의 말씀을 통해 우리의 인생이 얼마나 향상되었는가를 나날이 점검해 보는 것은 바람직한 불제자가 되는 가장 빠른 지름길이 될 것입니다.

부처님의 법을 늘 가까이하는 생활은 향을 쌌던 종이에서 향기가 풍기는 것처럼 향기가 풍겨나는 삶이 될 수 있습니다. 불법의 향기로움을 맛본다면 누구의 강요에 의해서가 아니라 스스로의 자각에 의해서 열심히 공부하는 학생의 자세로 항상 젊게 살아갈 것입니다.

5. 예불이란?

:

　예불이란 부처님께 예배드리는 것으로서 믿음의 문을 여는 출발점이라 할 수 있습니다. 그런 내용을 담은 「예불문」은 아침저녁으로 예불을 드릴 때나 불공을 올릴 때 사용하는 예배의식의 글입니다. 그 속에는 불佛 · 법法 · 승僧 삼보께 예배드리는 내용이 담겨져 있습니다.

　「예불문」은 비록 짧은 글이지만 어떤 의미에서는 팔만대장경이 그 안에 응축되어 있다고 할 수 있습니다. 왜냐하면 「예불문」 속에는 불교에 대한 지식, 신심, 신앙의 기본 체계가 모두 담겨 있기 때문입니다. 우리가 기도를 할 때도 제대로 하려면 몸으로는 절을 하면서 입으로는 염불을 외우고, 생각은 「예불문」의 간절한 내용을 음미하면서 행해야 합니다.

　그렇게 할 때 신身 · 구口 · 의意 삼업三業이 통일되어 좋은 기도가 될 수 있습니다. 다시 말하자면 온몸으로 신명을 다해 예배할 때 참다운 예배가 되는 것입니다. 예배를 드리는 일은 불자가 되는 필요불가결한 조건이며, 첫 맹세의 순간이라고 할 수 있습니다.

그럼 지금부터 「예불문」의 구체적인 내용을 살펴보기로 하겠습니다.

제2장

오분법신향

1. 인생은 늘 새로운 것

:

계 향 정 향 혜 향 해 탈 향 해 탈 지 견 향

戒香 定香 慧香 解脫香 解脫知見香

지계(持戒)의 향이여, 선정(禪定)의 향이여,

지혜(智慧)의 향이여, 해탈(解脫)의 향이여,

해탈지견(解脫知見)의 향이여.

이 거룩한 향을 사르어 올립니다.

해 설

위의 **계향·정향·혜향·해탈향·해탈지견향**의 다섯 가지를 오분법신향五分法身香, 또는 줄여서 오분향五分香이라고도 합니다. 여기서 오분향은 부처님을 위시해서 모든 깨달은 분들이 갖추고 있는 광대한 무량공덕을 가리킵니다.

공덕은 만행萬行, 만덕萬德이라고 불립니다. 그만큼 방대한 양을

지니고 있다는 뜻이며, 부처님께서는 팔만사천 가지 공덕을 갖추고 있다고 말합니다. 그것을 줄이고 줄여서 다섯 가지로 말할 때 오분향이라고 하는 것입니다. 그렇기 때문에 오분향 속에는 온갖 수행의 결과가 다 들어 있는 것입니다.

오분향의 끝에 **향** 자를 붙인 것은, 옛날에는 세속에서 가장 값진 물건으로 향을 첫째로 꼽았기 때문입니다. 그러나 궁극적으로는 향의 고귀함을 마음에 심는 데에 그 뜻이 있습니다. 그렇기 때문에 오분향이라고 한 것은 지극히 당연하고 멋진 말입니다. **계**가 잘 실천되면 향기롭고, **정**이 잘 이루어지면 또한 향기롭고, **혜**가 얻어지면 그 향기는 오래도록 남는 것입니다.

처음에 나오는 **계향·정향·혜향**의 세 가지는 삼학三學이라고 하여 불교의 기본 가르침입니다. 그래서 삼학은 불자라면 누구나 잘 알고 있는 것입니다.

엄밀히 말하자면 삼학이란 불교의 모든 가르침을 내포하고 있다고 할 수 있습니다. 또 그것은 신행생활의 전부라고 해도 과언이 아닐 만큼 중요한 것입니다. 보살의 수행 덕목인 육바라밀六波羅蜜도 삼학에서 발전한 것입니다.

삼학의 첫째인 **계**는 글자 그대로 풀이하면 '경계한다'는 뜻인데, 흔히 계율이란 말로 표현하기도 합니다. **계**의 진정한 의미를 깨닫기 위해서는 글자 모양을 잘 분석해 보면 아주 쉽게 이해할 수 있을 것입니다.

계戒라는 글자는 '울타리[井]'에 '창[戈]'을 들고 서 있는 형상을 하고 있습니다. 다시 말해서 **계**는 집 밖에서 창을 들고 서 있으면서 집을 지키는 수위의 역할을 한다고 할 수 있습니다.

수위의 역할이란 안으로 들여보내야 할 사람은 들여보내고, 들여 보내지 말아야 할 사람은 들여보내지 않는 일을 책임지는 것입니다. 하지만 사람을 함부로 들여보내지 않는다고 해서 낯선 사람이면 무조건 안 들여보내는 식이 되어서는 안 됩니다. 수위의 임무를 충분히 완수하려면 취사 선택의 분별을 잘 할 수 있는 지혜의 안목이 있어야 합니다. 수위의 역할에 미루어 볼 때 **계**라고 하는 것은 결국 해야 할 일과 하지 말아야 할 일을 잘 분별하여 궁극적으로는 해야 할 일을 적극적으로 권장하는 뜻이 담겨 있습니다.

오늘날 **계**의 의미는 인간이라면 지켜야 할 규칙이나 질서, 사회의 규범, 도덕성 등으로 이해해야 할 것입니다. 현실에 맞지 않는 계율 자체에 너무 매달리고 집착하여 좁은 안목이 되는 것은 계율의 근본정신에 어긋난다고 할 수 있습니다. 또 계율은 개인이나 단체에 따라 달라질 수도 있습니다. 즉 승려 집단에 필요한 계율과 신도 단체에 필요한 계율은 서로 다른 것입니다.

계율이 무조건 하지 말라고 금지했다 하여 소극적·부정적으로만 받아들여서는 안 됩니다. 그 속에는 우리에게 이익되는 점도 들어 있습니다. 그렇기 때문에 받아들일 것은 받아들일 줄도 아는 융통성이 필요합니다. 그러므로 경전에서는 계율을 잘 지키고, 잘 범하고, 잘 열고, 잘 막을 줄 알아야 한다고 가르치고 있습니다.

각 개인이 지켜야 할 도덕이나 규칙, 질서가 한데 모여 사회가 필요로 하는 도덕과 규칙, 질서가 됩니다. 우리가 질서나 규칙을 잘 지키면서 매사를 모범되게 행동하는 것은, 마치 물이 흐르

듯 향기가 저절로 풍겨 나오는 것입니다. 그래서 **계향**이라고 하는 것은, 계율을 잘 지키면 혼탁하고 무질서한 사회가 밝고 명랑하고 깨끗한 사회가 되기 때문에 그 속에서 저절로 향기가 풍겨난다는 의미로 이해해야 할 것입니다.

다시 말해서 어떤 단체에 나아가든지 눈에 거슬리지 않고 물이 흐르듯 조용히 규범을 잘 지켜나가는 사람에게는 향기가 저절로 풍겨 나옵니다. 그렇기 때문에 **계**에 **향** 자를 붙인 것이라고 생각할 수 있습니다.

두 번째의 **정향**은 **계향**이 잘 이루어지면 저절로 오는 것입니다. 여기서 **정**은 '안정'이라는 뜻으로 풀이할 수 있습니다. 첫 번째의 **계향**이 각자 자기의 위치를 잘 지키는 것이라면, **정향**은 모든 것이 멈춰진 고요한 안정의 상태를 이르는 말입니다. 개인의 안정은 물론 집안의 안정과 나아가 사회의 안정까지를 통틀어서 **정향**의 의미로 받아들여야 합니다.

사회가 불안정한 것은 모두가 자기의 욕심을 채우려고 하기 때문입니다. 고용주는 고용주의 욕심만 부리고 종사자는 종사자의 욕심만 부린 결과, 마찰과 충돌이 일어나며 불안정한 상태가 됩니다.

정향이란 남편은 남편의 할 일을 충분히 행하고, 아내는 아내로서의 책임과 의무를 다하며, 마찬가지로 각자가 자기의 위치를 충분히 지키는 것을 말합니다. 그렇게 할 때 안정이 오며 거기에는 향기가 풍겨나지 않을 수 없는 것입니다.

흔히 사찰에서는 스님들이 신발을 벗어 놓는 곳에 '조고각하照

顧脚下'라는 구절이 씌어 있는 것을 볼 수 있습니다. 그 말은 '너의 발밑을 잘 살펴보라'는 뜻이지만 궁극적으로는 '자기 자신을 잘 알아라'는 의미로 받아들일 수 있습니다. 이 말은 자기가 처해 있는 자리에서 자기의 책임과 의무를 잘 실행하라는 뜻입니다.

일본의 어느 종파에서는 '조고각하'라는 말을 보물처럼 여기며 신앙하고 있습니다. 그 절에서 판매하는 모든 물건마다 그 말을 풀어서 '한 모퉁이를 비추는 사람, 그 사람이야말로 진정한 나라의 보배'라고 써서 그 말이 의식 속에 배이도록 하는 것입니다. 자기가 처해 있는 그 자리에 충실한 사람은 바로 나라의 보배라는 것입니다. 일본 사람들은 어릴 때부터 그 말뜻을 이해하며 실천하려고 노력하는 것입니다.

사람은 누구나 자기가 처해 있는 한 모퉁이가 있게 마련입니다. 그 부분만 잘 비추면 그 사람은 보배임에 틀림없습니다. 잘 하려는 생각에 남의 자리까지 참견하는 것은 욕심에 불과합니다. 자기 임무에 충실하고 자기 자리를 잘 지키는 데서 모든 안정은 찾아지는 것입니다.

정향이란 말의 뜻은 바로 '조고각하'라는 한 마디로 대신할 수 있을 것입니다. 자기가 처한 곳에서 묵묵히 자신의 본분을 잘 지키는 사람은 결국 안정을 얻을 것이며, 그런 사람에게서 저절로 향기가 풍겨나는 것은 당연한 이치입니다.

세 번째의 **혜향**은 '지혜의 향기'를 뜻합니다. 불교에서는 지혜를 그 무엇보다도 중요하게 생각합니다. 지혜로운 인생, 지혜로운 사람 등 지혜를 항상 강조합니다. 그 어떤 것이라도 지혜가 없다면 빛을 발할 수가 없는 것입니다. 그래서 부유한 삶을 살기보다는 지혜롭게 사는 것을 소중히 여깁니다.

돈이 아무리 많다고 하더라도 지혜가 없으면 잘못 쓰여질 수가 있습니다. 그러나 비록 조촐한 삶이라 하더라도 지혜가 있다면 그 삶은 밝게 빛날 수 있는 것입니다. 지혜는 우리의 삶을 향기롭게 하기 때문입니다.

불교에서는 자비보다 지혜를 강조합니다. 자비와 지혜라는 표현 대신에 지혜와 자비의 종교라고 하여 항상 지혜를 먼저 생각하는 것입니다. 지혜가 바탕이 되어야 올바른 자비가 이루어질 수 있습니다. 그래서 지혜는 **계**와 **정**이 마련되면 저절로 얻어지는 삼학 가운데 맨 마지막에 놓이는 덕목인 것입니다.

삼학의 가르침을 흙탕물의 비유로 설명할 수 있습니다. 바람이 불고 돌을 던져 흐리게 된 흙탕물에는 아무것도 비치지 않습니다. 더욱이 그 물은 마실 수도 없습니다. 그것이 바로 우리의 인생살이입니다. 그런 흙탕물을 맑게 하려면 우선 물이 움직이지 않고 고요해지기를 기다려야 합니다. 돌도 던지지 않고 바람도 불지 않아야 물이 움직이지 않습니다. 그렇게 금지하는 일이 바로 **계**에 해당합니다.

그 다음에는 흙이 가라앉도록 조용히 기다리면 안정이 찾아오는데, 그것이 바로 **정**의 상태입니다. 수면이 안정되어 고요해지면 그 물에 우리가 원하는 바를 모두 비춰 볼 수 있고, 맑아진 물은 마실 수도 있게 되는 것입니다. 그런 상태가 되는 것을 **혜**라고 할 수 있습니다.

우리의 인생살이도 그와 같습니다. 무질서하고 혼탁해져서 엉망진창이 된 삶이라면 우선 질서를 바로잡아 안정을 되찾는 일을 먼저 해야 합니다. 안정을 되찾는 일이란 해야 할 일은 열심히 하고, 하지 말아야 할 일은 절대로 하지 않는 것입니다. 그런 안정 위에 우리가 기대하는 발전된 삶을 꿈꿀 수 있는 것입니다.

계·정·혜 삼학의 실천은 개인의 인생살이나 가정생활에서는 물론 이웃과 사회에까지 그 어디에도 해당되지 않는 곳이 없습니다. 그래서 불교를 한마디로 삼학에 있다고 하는 것입니다. 다시 말해서 삼학은 팔만대장경의 축소판이라고도 할 수 있습니다.

예를 들어 우리가 짧은 편지를 한 장 쓰려고 해도 삼학의 순서대로 이루어져야 합니다. 조금 전까지 누구와 다투고 신경이 날카로워져 있다면 먼저 마음을 가라앉히는 일부터 해야 합니다. 지난 일을 자꾸 생각하면 마음은 끝까지 움직이게 됩니다.

생각을 멈추는 일이 **계**이며, 그래서 안정이 되면 **정**을 얻고, 그 다음에 **혜**가 이루어지는 것입니다. 다시 말해서 어떤 일이든 계·정·혜 삼학의 순서로 이어져야 합니다.

삼학의 이런 뜻을 음미하면서 예불을 드려야 합니다. 결국 삼학은, 모든 개인적인 수행이나 가정과 사회에서 안 일어났으면 좋은 일들을 모두 멈추어 달라는 뜻이 그 속에 담겨 있는 것입니다. 그렇게 함으로써 개인을 위시해서 가정과 사회가 안정되고, 나아가서 지혜의 문이 열리게 되는 것입니다. 이런 의미에서 「예불문」의 한 대목이 우리에게 주는 교훈은 참으로 엄청난 것입니다.

삼학은 삼층집에 비유할 수 있습니다. 옛날에 어떤 어리석은 임금이 살았습니다. 그는 어느 곳을 지나가다가 근사한 삼층집을 보았습니다. 그래서 목수에게 가서 삼층집을 지어 달라고 부탁했습니다. 그런데 한참 후에 가보니 겨우 일층만 지어놓았다고 합니다. 어리석은 임금은 일층은 필요가 없으니 무조건 삼층만 지어 달라고 우겼다는 우화가 있습니다.

이 이야기는 삼학의 중요성에 대해 우리에게 큰 교훈을 남기고 있습니다. 세상에서 삼층만 짓는 일은 있을 수 없는 것입니다. 일층이 있어야만 이층이 존재할 수 있고, 이층을 지어야만 비로소 삼층을 얻을 수 있는 것입니다.

개인적인 발전과 마음의 지혜를 얻는 일이나 가정의 발전, 나아가 국가의 발전도 그와 똑같은 이치입니다. 제대로 밑거름도 닦아 놓지 않고 엉뚱하게 다른 결실을 바란다면 삼층만 갖겠다는 어리석은 임금과 조금도 다를 바가 없습니다. 계·정·혜 삼학은 어느 곳에서 어떤 일을 하든지 우리가 되새겨야 할 중요한 가르침입니다.

네 번째의 **해탈향**에서 **해탈**은 모든 장애, 고통, 어려움, 문제에서부터 벗어나는 것을 말합니다. 우리에게는 생로병사를 위시해서 집착 때문에 일어나는 개인적인 괴로운 문제들이 있습니다. 그런 문제들로부터 벗어나서 자유로운 상태가 되는 것을 해탈이라고 합니다.

우리가 부처님처럼 훌륭한 인격자가 되려면 현재의 상태에서 부단히 벗어나야 합니다. 쉽게 말해서 현재의 상태에서 벗어나기 위해서는 조금이라도 더 겸손해져야 하고, 조금이라도 더 양보하는 마음을 가져야 하는 것입니다.

현재의 상태에서 조금이라도 더 나아지는 것을 삶 속에서 해탈의 의미로 이해해야 합니다. 궁극적으로는 생사해탈이 목적이라 하더라도 작은 해탈부터 실천하여야 합니다. 그러기 위해서는 자기 자신을 어떤 고정된 관념 속에서 보지 말고 항상 새로운 각도로 바라보는 안목이 필요합니다. 늘 새로운 삶을 꿈꾸며, 창조적인 태도로 매 순간을 사는 것이 우리에게 주는 해탈의 교훈입니다. 그런 삶에는 향기가 안 날래야 안 날 수 없는 것입니다.

우리의 일상생활 속에서 해탈을 실천하는 한 방법으로 옷 입는 것에서부터 시작할 수 있습니다. 같은 옷이라도 조금만 신경을 쓴다면 새롭게 변화할 수 있습니다. 이것은 외형적인 모습에 신경을 기울이는 것만을 뜻하지는 않습니다. 몸과 마음이 둘이 아니라면 외형적인 몸치장 또한 마음의 움직임과 무관하지 않은 것입니다.

대부분 수행력이 깊은 사람일수록 마음이 그 사람을 지배하지만 수양이 얕은 사람일수록 몸이 마음을 지배하게 됩니다. 그런 사실도 모른 채 그저 마음만 중요하고 몸은 별것이 아니라는 식으로 몰아붙이는 것은 잘못입니다. 절에 갈 때는 가능하면 가장 단정하고 깨끗한 모습으로 가야 합니다. 단정한 몸차림이면 마음은 저절로 상쾌해지게 마련입니다.

관세음보살의 몸치장을 보면 온갖 장신구로 장엄한 것을 볼 수 있습니다. 또 절의 단청이나 탱화의 색깔도 대단히 화려합니다. 그것은 결국 우리의 인격을 형상화해 놓은 상징적인 의미를 담고 있는 것입니다. 다시 말해서 관세음보살처럼 우리의 인격도 훌륭해져야 하는 것입니다.

인격이란 몸과 마음을 합하여 지칭하는 것이지 단지 마음만을 뜻하지는 않습니다. 몸은 아무렇게나 하고 있으면서 마음이 훌륭해지기를 바라는 것은 어리석은 짓입니다. 몸이 잘 다듬어지면 마음 또한 정돈되는 게 중생의 근본 모습입니다.

하찮은 옷 하나가 인간의 마음을 지배하는 한 가지 예로 스님들이 승복을 입고 있는 것을 들 수 있습니다. 승복을 입고 있으면서 아무렇게나 행동할 수는 없는 것입니다. 이것은 결국 외모 또한 마음 못지않게 중요하다는 것을 잘 나타내 줍니다.

해탈이란 우리의 고정관념에서 벗어나 좀더 미래지향적이고 발전적이며, 새로운 삶을 꿈꾸고, 창조하고, 구상하며, 그것을 몸소 실천하는 것을 말합니다. 매일 대하는 식구들도 새로운 각도에서 신선한 시각으로 본다면 다른 느낌을 받을 수 있습니다. 늘 새로운 모습으로 현재의 상태에서 변화 · 발전된 삶을 살아가는 것이 일상생활 속에서의 해탈입니다.

고정관념에서 벗어나지 않고서는 공부의 진척을 기대할 수 없습니다. 우리가 법회에 참석하여 뭔가 배우려는 마음을 갖는 것이 바로 작은 해탈의 시작입니다. 그러한 마음이 계속된다면 언젠가는 새로운 모습으로 변할 수 있을 것입니다. 해탈이라고 하는 것은 마음먹기에 따라서는 쉽게 실천할 수 있습니다. 또 사람은 마음먹기에 따라 무한히 발전할 수 있는 가능성을 지니고 있는 것입니다.

사람은 태어나면서부터 죽는 그 순간까지가 전부 자신의 인생입니다. 그중에서 단 일 초라도 **빼버린다면** 자기 자신의 인생은 무너지고 마는 것입니다. 한순간 한순간이 전부 자기의 인생이라면 매 순간을 의욕적이고 신선한 생각으로 가득 채울 수 있도록 노력해야 합니다.

그런 의미에서 한 가정에서 주부의 역할은 참으로 중요한 것입니다. 주부의 마음가짐이나 생활태도가 밝고 행복한 쪽으로 바뀌면 그 가정은 틀림없이 밝고 행복해질 수 있습니다. 그렇기 때문에 주부는 항상 행복한 마음을 가져야 합니다.

늘 향상하려고 노력하는 그 마음가짐이 바로 해탈의 의미입니다. 다시 말해서 자신의 삶을 긍정적이고 새롭고 밝고 맑은 마음으로 성장시키려는 것이 진정한 해탈인 것입니다.

인간의 일생은 한 번밖에 없는 예술입니다. 우리의 인생은 평생을 통해 자신의 예술품을 다듬고 발전시켜 나가는 과정이라고 할 수 있습니다. 매 순간을 보다 아름답게 자신의 작품을 장식할 수 있도록 해탈의 의미를 되새기며 노력해야 할 것입니다.

오분향의 마지막인 **해탈지견향**은 해탈에 대해 바르게 이해하는 것입니다. 여기서 **지견**은 '지혜'라는 말과도 통합니다. 아울러 **해탈지견**은 다른 모든 사람들을 해탈의 경지로 이끄는 중생제도를 뜻하기도 합니다.

불교는 자신의 해탈과 함께 다른 사람의 해탈을 동일시하기 때문에 전법傳法을 통한 중생제도는 필수적인 것입니다.

그러므로 해탈에 대한 바른 이해, 즉 **해탈지견향**이란 나와 더불어 모든 사람들의 해탈을 함께 성취하려는 교화활동을 뜻합니다. 해탈에 대한 바른 견해가 섰다면 자기 자신도 그렇게 살아야겠다고 생각하고 바로 실천에 옮겨야 합니다. 그래야 올바른 이해가 되는 것입니다. 엄밀히 말해서 제대로 알게 되면 자연적으로 실천이 따르게 마련입니다. 그래서 아는 것과 실천하는 것이 둘이 아닌 상태가 되어야 합니다. 앞의 **계향 · 정향 · 혜향 · 해탈향**의 각각 항목이 참으로 자기 것이 되어서 하나가 된 상태가 바로 **해탈지견향**입니다.

이상으로 오분향의 설명을 다시 정리하면 **계향 · 정향 · 혜향 · 해탈향 · 해탈지견향**은 그 하나하나가 독립적으로 중요한 뜻을 지니며, 그것이 또한 순서대로 실천될 때 완전한 것이 됩니다.

오분향에는 부처님의 모든 법문이 함축되어 있으며, 부처님과 모든 수행자들이 갖춘 무량한 공덕이므로 우리도 그것을 본받아야 합니다. 오분향을 통해서 부처님의 가르침이 궁극적으로 어떤 것인가를 배워야 하는 것입니다. 그렇기 때문에 스님들께서는 평생을 통해서 「예불문」의 구절을 하나하나 음미하면서 예배드리는 것입니다.

실제로 오분향은 그만한 가치가 있는 것입니다. 오분향은 읽고 또 읽어도 향기가 가시지 않는 그런 내용을 담고 있는 중요한 가르침인 것입니다. 오분향은 부처님의 가르침을 압권壓卷해 놓았다고 할 수 있습니다. 계 · 정 · 혜 삼학을 통해 해탈하게 하며, 그 해탈을 남에게 전함으로써 해탈지견이 되는 것입니다.

불교에서 삼학이라 할 때의 '학學'은 단순한 글공부가 아닙니다.

계를 지키고, **정**을 찾고, **혜**를 얻는 것 모두가 '학學'인 것입니다.
그래서 기도하고 참선하는 사람을 공부인이라고 하는 것입니다.
자기 자신이 불자라고 생각한다면 항상 공부인의 자세가 되어야
할 것입니다.

2. 세상은 광명으로 늘 빛나고 있다

⋮

광명운대 주변법계 공양시방 무량불법승
光明雲臺 周徧法界 供養十方 無量佛法僧

광명의 구름대(臺) 법계에 주변하여
시방의 한량없는 불·법·승께 공양합니다.

풀 이

지혜의 광명 온 우주 법계에 충만하여 시방삼세에 한량없는
불·법·승 삼보님께 공양 올립니다.

해 설

오분향 다음으로 이어지는 위의 구절을 글자 그대로 해석하면,
'광명의 구름 덩어리가 온 법계에 두루 가득하여, 어느 곳에서나
헤아릴 수 없이 많은 불·법·승 삼보께 공양을 올린다'는 뜻으로

풀이할 수 있습니다.

광명운대에서 광명은 바로 진리를 가리키는 말입니다. 부처님의 가르침은 한마디로 진리의 세계에 대한 가르침이라고 할 수 있습니다. 그래서 바람직한 삶은 부처님의 말씀대로 진리에 입각하여 사는 것입니다. 부처님이나 수행이 높은 깨달은 사람은 생활 자체가 바로 진리의 구현인 것입니다.

진리라고 말하면 좀 막연하고 추상적인 느낌이 들지만 광명이라는 좀더 구체적인 말로 대신 표현할 수도 있습니다. 광명은 진리를 현상적으로 나타낸 말이기 때문입니다.

불교에서는 광명과 관계되는 이야기가 매우 많습니다. 경전에서는 부처님이 법을 설하시기 전에 먼저 광명을 놓는 일방광부터 시작합니다. 또 사리탑이나 스님들이 방광을 했다는 이야기도 있습니다. 하다못해 법당 안에 인등을 켜는 일도 광명과 관계되는 일이며, 초파일에 등을 다는 일도 광명인 것입니다. 광명은 어둠을 밝히는 빛입니다. 만약 빛이 없다면 우리는 사물을 잘 분별할 수 없을 것이며, 길을 가다가도 부딪히고 넘어져서 온통 피투성이가 될 것입니다. 빛이 없다면 이 세상은 순식간에 혼란스러워질 것입니다. 여기에서 광명의 의미가 확연히 드러납니다.

앞에서 오분향은 불교인의 인격 완성에서 오는 다섯 가지 덕을 말한다고 했습니다. 그것은 바로 광명된 삶을 살아가는 것입니다. '광光'은 오분법신향을 몸소 실현하는 일입니다. 다시 말해서 진리에 대한 막연한 생각을 구체화시키는 것이 광명입니다. 지금까지 우리의 삶이 상처로 얼룩졌던 것은 광명이 없었기 때문입니다. 지혜의 광명은 항상 우리를 밝은 곳으로 이끌어 줍니다.

『금강경』에 부처님께서 광명에 대한 말씀을 설해 놓은 대목이 있습니다. 그것은 "심주어법 이행보시心住於法 而行布施 여인입암 즉무소견如人入暗 即無所見 약보살 심부주법 이행보시若菩薩 心不住法 而行布施 여인유목 일광명조 견종종색如人有目 日光明照 見種種色"입니다. 그 뜻은 '마음이 법에 머물러 보시하는 것은 어두운 곳에 있는 사람이 물건을 보지 못하는 것과 같고, 보살이 마음이 법에 머물지 않고 보시하는 것은 눈 밝은 사람이 햇빛 아래서 여러 가지 사물을 보는 것과 같다'는 말입니다.

이 말을 다시 풀어서 해석해 보면, 마음이 자기만의 소견과 편견과 고집과 굳어진 사상에 의해 생활할 것 같으면, 어떤 사람이 캄캄한 데 들어가서 아무것도 보이지 않는 곳에서 활동하는 것과 같다는 것입니다.

반대로 마음이 자기만의 고집과 편견과 아집에 집착하지 않고 어떤 사물을 실상대로 진실하게 관찰할 수 있는 안목이 있다면, 그 사람은 눈도 밝고 햇빛이 환히 비춰서 아무 탈 없이 길을 갈 수 있는 것과 같다는 뜻입니다.

우리들의 소견이나 고집, 편견들은 결코 지혜가 아니며, 슬기도 아니며, 빛도 아닙니다. 사물이나 감정, 사건 등을 실상대로 관찰할 줄 아는 밝은 눈이 열릴 때 우리의 삶은 참으로 환한 광명의 삶이 될 것입니다. 밝은 눈이란 바로 깨달음의 슬기요, 지혜의 빛인 것입니다.

불교에서는 도처에서 깨달음의 안목을 표현하고 있습니다. 그것은 바로 삼라만상이 일어나는 일체의 모습을 사실대로 파악하는 광명의 눈을 가지는 것을 뜻합니다. 광명의 눈이 있다면 아무리 멀고 험한 길이라도 상처받지 않고 목적한 곳에 다다를 수 있습니다.

부처님께서 깨달으신 진리의 말씀은 곧 지혜의 광명에 대한 것임을 명심해야 합니다. 불교의 의식 가운데 촛불을 켜고 등에 불을 밝히는 의미는 모두 지혜의 빛을 상징하는 것입니다. 그것이 바로 광명입니다.

앞에서 오분법신향으로 무장한 사람은 광명의 삶을 사는 사람이라고 했습니다. 그런 사람은 엄청난 밝기로 이 세상을 비추기 때문에 많은 사람들이 그 빛을 따라 밝은 곳으로 갈 수 있는 것입니다.

그래서 『화엄경』에서는 부처님의 광명을 '유여천일출猶如千日出'이라고 하여 '마치 천 개의 태양이 동시에 뜨는 것과 같다'고 했습니다. 부처님은 참으로 밝은 완벽한 광명의 화신인 것입니다. 부처님께서는 오랜 세월에 걸쳐서 우리에게 올바른 삶의 빛을 비춰 주고 있습니다.

우리가 그나마도 지금까지 별일 없이 살아갈 수 있었던 것은 자기의 앞길만이라도 비출 수 있는 지혜의 등불이 있었기 때문입니다. 만약 그것마저 없다면 이리저리 부딪혀서 큰 상처를 입게 될 것입니다. 그러한 모습들은 주위에서 흔히 볼 수 있습니다. 빛을 잃어 어둡고 캄캄한 세상은 우리에게 치명적인 상처만 남길 뿐입니다. 그렇기 때문에 오분법신향이 각자의 마음속에 원만히 성숙되어 광명을 밝히는 삶이 되어야 하는 것입니다.

광명을 우리의 육신에서 찾아본다면 웃음이 그에 해당할 것입니다. 참으로 밝게 웃는 모습은 광명이라 할 수 있습니다. 웃는다는 것은 밝은 인상을 말합니다. 밝은 인상으로 환하게 웃는 모습은 옆사람까지 기분 좋게 만듭니다. 반대로 무겁고 침울한 표정은 옆사람까지 칙칙한 기분이 되게 합니다. 그것은 진리의 세계에서 위배되는 일입니다. 진리를 우리의 생활 속에서 승화시킬 수 있는 가장 쉬운 방법이 바로 웃음인 것입니다.

그러므로 웃음을 절대 잃지 말아야 합니다. 출근할 때 웃고, 퇴근할 때 한번 웃어 주는 것보다 더 귀하고 값진 선물은 없는 것입니다. 웃음이라고 해서 실없는 사람처럼 히죽히죽 웃는 것을 말하는 것이 아닙니다. 광명을 몸소 실천하는 사람은 온몸에 향기로운 웃음을 간직하는 것입니다.

광명운대에서 운대는 구름 덩어리를 말합니다.

주변법계는 법의 세계에 두루두루 펼쳐져 있다는 말입니다. 흔히 지구 전체를 일컬어 세계라고 합니다. 그런데 불교에서는 온 우주를 통틀어서 법계라고 말합니다. 다시 말해서 밤하늘에 반짝이는 별들의 세계는 물론 텅 빈 공간까지를 전부 합하여 법계라고 표현하는 것입니다. 법이라고 하는 것은 곧 진리의 세계를 일컫는 것이므로 온 우주가 모두 진리의 세계에서 벗어나 있지 않다는 뜻입니다. 그 어디에도 진리가 없는 곳은 없다고 해서 법계라고 하는 것입니다.

재미있는 일화 한 가지를 소개하겠습니다. 어떤 스님이 개신교

목사와 함께 우연히 기차 안에서 대화를 나누게 되었습니다. 목사는 자신의 하나님은 무소부재無所不在라고 하여 없는 곳이 없다고 말하였습니다. 그 말을 듣고 스님은 그럼 변소에도 하나님이 있겠다고 말했더니 목사는 발끈하여 화를 냈다고 합니다. 어떻게 신성한 하나님이 변소간에 있을 수 있느냐는 것입니다.

그러나 진리의 세계는 어디에도 없는 곳이 없습니다. 진리가 어느 한 곳에만 있다면 그것은 이미 진리가 아닌 것입니다. 진리란 어느 때, 어느 곳에서나 평등하게 존재하는 것입니다. 그래서 **주변법계**는 진리의 구름 덩어리가 온 법계에 두루 가득하여 없는 곳이 없다는 말입니다.

우리들의 광명은 처음에는 자기 혼자만을 비출 수 있는 정도의 빛이지만, 기도와 수행을 통해 더 많은 빛으로 발할 수 있는 것입니다. 그 빛은 다른 데서 가지고 오는 것이 아닙니다. 이미 우리가 갖추고 있는 광명 덩어리를 발산하는 일입니다. 우리들의 업과 어리석음에 의해 가리워진 어두운 구름을 걷어 버리고 부처님과 똑같은 덕과 지혜의 빛으로 드러내는 것입니다. 부처님께서는 본래 갖추고 있는 그 광명의 수행을 통해 확연히 자기 것으로 만들어서 살아가신 분이십니다.

다음으로 **공양시방**이라고 할 때 공양은 참으로 중요한 말입니다. 공양은 흔히 꽃·음식·초·향·음악·춤·의복 등 부처님께 이바지하고 도와주는 모든 사물과 행위를 일컫는 말입니다. 다시 말해서 부처님께 올리는 모든 것을 공양이라 하여 엄밀히 말해서 부처님께만 쓰는 말입니다.

그런데 신분에 관계없이 불교에서는 모든 사람에게 공양이란 말을 사용하고 있습니다. 이것은 본질적으로 모든 사람은 위대한 깨달음을 얻은 부처님과 조금도 다를 바가 없다는 뜻입니다. 누구든지 부처가 될 씨앗을 갖고 있기 때문에 우리들도 공양이란 말을 쉽게 쓰는 것입니다. 절에서 밥 먹는 일을 '공양하십시오'라고 말하는 것에는 '당신도 부처님입니다'라는 의미가 포함되어 있습니다.

부처님께 쓰는 공양이란 말을 우리들에게도 쉽게 쓰는 것은 바로 우리도 부처님처럼 공양 받을 자격이 있다는 말입니다. 다시 말해서 공양 올리는 자가 곧 공양 받는 자임을 알아야 합니다. 누구에게나 부처님과 같은 인격으로 대한다는 뜻이 공양이란 말 속에 들어 있습니다. 우리에게 부처의 씨앗이 없다면 공양이란 말을 함부로 써서는 안 됩니다.

『법화경』에는 상불경常不輕이란 참으로 훌륭한 보살 이야기가 나옵니다.

상불경 보살은 평소에 수행을 할 때 남들처럼 경을 읽거나 기도, 참선을 하는 것이 아니라 만나는 사람마다 부처님으로 존경하고 예배하는 것을 수행으로 삼았습니다.

상불경 보살은 모든 사람이 부처님의 씨앗을 품고 있음을 알고, 그에 대한 확신이 넘쳤습니다. 그래서 모든 사람을 부처님으로 예배하는 일만으로도 너무 바빠 다른 수행은 할 겨를이 없었던 것입니다. 만나는 사람마다 부처님처럼 존경하고 예배하는 일로 평생 수행을 하였던 것입니다. 그 일로 해서 그는 깨달음을 이루었습니다.

공양이란 말 속에는 상불경 보살의 의지가 담겨 있다고 할 수 있습니다. 우리도 각 가정에서 '공양하십시오'라는 말을 생활화해야 합니다. 그 말 속에는 훌륭한 만행 만덕과 무한한 능력과 광명을 지니고 있는 부처님의 씨앗이 당신에게도 심어져 있으므로 부처님처럼 존경한다는 뜻이 담겨 있습니다. 그러므로 공양이란 말은 부처님의 법을 전하는 제일성第一聲으로 삼아도 좋을 만큼 훌륭한 말입니다. 공양이라는 말 한 마디라도 제대로 할 수 있다면 진정한 포교가 되는 것입니다.

『금강경』에는 법공양의 위대성을 "설사 삼천대천세계만 한 금은 보화를 가지고 사람들에게 희사한다고 해도 짧은 사구게四句偈 한 구절만이라도 서사수지書寫受持, 위인연설爲人演說을 한다면 그것보다 더 큰 공덕은 없다"라고 표현하고 있습니다. 이 말은 법공양의 훌륭함을 나타낸 말로, 결국 자신 속에 무한한 보배가 들어 있다는 것을 깨우쳐 주는 것입니다.

이 세상의 어떤 말보다도 '공양하세요'라는 말 한 마디가 가지는 존칭은 참으로 엄청난 것입니다. 공양이란 말을 계속 씀으로써 은연중에 상대방의 가슴속에 파동쳐 마침내 부처님으로 승화될 수 있습니다. 또한 공양이란 말을 일상생활 속에 사용함으로 해서 우리는 무한한 공덕을 짓게 되는 것입니다. 아무리 속으로는 미운 생각이 들더라도 상대방을 향해 '공양하십시오'라고 하면 그 뜻은 부처님으로 공경하는 진정한 표현이 됩니다.

공양이라고 해서 단지 먹는 것만을 뜻하지는 않습니다. 여기서는 진리에 대한 공양, 법에 대한 공양, 가르침에 대한 공양입니다. 이것은 곧 지혜의 광명으로 공양을 올리는 것입니다. 우리는 「예불문」의 공부를 통해 조금이나마 진리의 공양을 받고 있는 것입니다. 이런 의미에서 공양이란 말은 참으로 고맙고 빛나는 값진 말임을 명심해야 할 것입니다.

공양이란 말과 함께 있는 **시방**은 동 · 서 · 남 · 북의 사방四方과 동남 · 동북 · 서남 · 서북의 사유四維에 상 · 하를 합한 것입니다. 시방은 불교의 공간 개념을 나타낸 말로써 우주 전체를 통틀어 이르는 말인데 여기서는 어느 곳에나 항상 있다는 의미로 이해할 수 있습니다. 왜냐하면 진리란 어디에도 없는 곳이 없기 때문입니다.

계속해서 **무량불법승**은 '한량없는 불 · 법 · 승 삼보'라는 말입니다. 불 · 법 · 승은 부처님과 진리와 불교 단체를 가리키는 말입니다. 이 말은 곧 온 인류, 모든 만물에게 진리의 빛이 펼쳐지도록 한다는 뜻입니다. 각양각색의 사람들과 온갖 만물에게 진리의 빛이 골고루 펼쳐져 바람직한 삶을 누릴 수 있도록 하는 의미가 **무량불법승** 속에 들어 있습니다.

불 · 법 · 승 삼보 중에서 승이라고 하는 것은 단지 출가 수행인만을 가리키는 것이 아닙니다. 구체적으로 승가僧伽라고 해야 하는데, 그것은 불교 단체 · 불교 집단 · 불교 대중을 의미합니다. 다시 말해서 출가 비구比丘 · 비구니比丘尼는 물론 재가 남녀인 청신사淸信士 · 청신녀淸信女를 모두 합하여 이르는 말입니다. 흔히 사부대중이라는 말로 표현하기도 하는데, 다른 말로 부처님의 아들 딸을 가리킨다고 할 수 있습니다.

계향에서부터 **무량불법승**까지의 내용에서 살펴볼 때, 이 속에는 불교의 목적하는 바가 모두 들어 있다고 할 수 있을 만큼 중요한 뜻을 담고 있습니다. 비록 짧은 글이지만 부처님의 살림살이를 엿볼 수 있는 귀중한 대목입니다. 우리는 부처님의 살림살이를 기본 밑천으로 삼아 자기 자신의 수행을 해 나가야 할 것입니다.

3. 우주는 향기로 가득 차 있다

⋮

헌 향 진 언
獻香眞言

「옴 바아라 도비야 훔」(세 번)

향을 사르어 올리는 진언
옴! 금강소향존(金剛燒香尊)이시여, 훔.

해 설

헌향진언은 '향을 올리는 진언'입니다. 여기서 향은 부처님이나 불보살의 완성된 인격체를 다섯 가지 덕으로 표현한 오분법신향을 말합니다. 향을 꽂음으로써 우리도 부처님처럼 위대하고 원만한 공덕을 갖춘다는 의미인 것입니다. 다시 말해서 향을 하나 꽂더라도 **계향·정향·혜향·해탈향·해탈지견향**의 마음으로 꽂아야 하는 것입니다.

헌향진언에서 **진언**을 글자 그대로 풀이하면 '참된 말'이란 뜻입니다. 진언은 우리가 쉽게 그 뜻을 알아채지 못하는 말로 되어 있습니다. 불교 경전에는 도처에 진언이 많은 부분을 차지하고 있습니다. 진언이라는 말 외에 다라니 혹은 주문이라는 말도 함께 쓰는데, 그 뜻은 비슷합니다.

진언은 범어로 만트라mantra라고 하는데, 주주呪 · 신주神呪 · 밀주密呪 · 밀언密言이라고 해서 전통적으로 그 뜻을 해석하지 않았습니다. 그 이유는 진언이 함축하고 있는 뜻이 매우 광범위하기 때문에 한두 가지를 잘못 번역하면 오히려 본래의 의미와 거리가 생기기 때문입니다. 실지로는 그 뜻을 모르고 외워도 보이지 않는 세계에 신비한 힘을 발휘하는 것이 진언입니다.

우리는 눈에 보이는 세계만을 이해하려고 하는데, 사실은 우리가 보지 못하는 세계가 훨씬 더 크고 넓습니다. 정신의 세계, 영혼의 세계, 귀신의 세계, 불보살의 세계 등 보이지 않는 세계는 우리가 상상할 수 없을 정도로 어마어마하다고 할 수 있습니다. 보이는 세계는 보이지 않는 세계에 비하면 빙산의 일각에 지나지 않을 정도입니다.

우리가 옛날부터 뜻도 알지 못하는 진언을 자꾸 외우는 것은 보이지 않는 세계에 엄청난 영향력이 미치기 때문입니다. 여기서 진언의 영향력에 대한 예화 한 가지를 소개하겠습니다.

옛날에 장안의 유명한 거지가 중국으로 여행을 갔습니다. 그는 중국으로 간 김에 거짓말을 꾸며 융숭한 대접을 받으려고 했습니다. 그래서 변방의 어느 고을에 가서 자기가 왕의 조카라고 속이고 칙사 대접을 받고 있었습니다. 그는 자기 신분을 철저히 위장하기 위해 늘 반찬 투정을 부렸습니다. 그렇게 하면 귀족 취급을 해줄 줄 알았던 것입니다.

그러던 어느 날, 고국의 한 사신이 중국에 볼일이 있어서 우연히 그곳에 들르게 되었습니다. 그 고을 원님은 사신에게 자초지종을 말하고 왕의 조카가 반찬 투정을 하는데 어떻게 했으면 좋겠느냐고 물었습니다. 왕의 조카가 중국으로 여행을 왔다면 그 사신도 충분히 알 수 있는 일인데, 처음 듣는 이야기였습니다. 그렇다고 당장 그런 일이 없다고 할 수도 없는 일이었습니다. 사신이 왕의 조카라고 하는 이에게 나아가 인사를 하려고 보니, 그는 장안의 유명한 거지였던 것입니다. 하지만 고을 원님에게 그가 거지라고 한다면 그는 당장에 목이 달아나고 말 것이었습니다.

현명한 사신은 한 가지 꾀를 생각해냈습니다. 사신은 고을 원님에게 자기가 한 마디의 진언을 일러줄 테니 그가 반찬 투정을 할 때마다 그 말을 하라고 가르쳐 주었습니다. 그것은 바로 '거지인 주제에'라는 말이었습니다. 중국 사람은 그 말의 뜻을 알 리가 없었습니다.

사신이 떠나고 난 후 왕의 조카란 자가 반찬 투정을 할 때마다 원님은 '거지인 주제에'라고 외웠습니다. 그렇게 무심코 뜻도 모르고 내뱉은 한 마디 말이지만 진짜 거지가 듣고는 완전히 혼비백산하여 도망가고 말았던 것입니다.

중국 사람은 아무 뜻도 모르고 외웠지만 '거지인 주제에'라는 말이 진짜 거지에게는 엄청난 영험을 발휘하는 것입니다. 거지에게는 '거지인 주제에'라는 말이 자신의 생명을 오락가락하게 만드는 엄청난 말이었던 것입니다.

이처럼 진언은 모르고 외워도 신비한 영향력을 갖습니다. 거기에는 신앙적인 면도 상당히 많은 부분을 차지하고 있습니다. 중국 사람이 '거지인 주제에'라는 진언의 말뜻을 알려고 노력한다면 결코 모를 말은 아닙니다.

요즈음은 법회에서 진언을 해석하는 경우도 가끔 있는데 진언의 뜻을 알고 외우면 오히려 더 효과적으로 신심이 고취될 수 있기 때문입니다. 예컨대 이야기 속의 고을 원님이 '거지인 주제에'라는 말의 뜻을 알았더라면 그 거지에게 어떠한 상황이 벌어졌겠는가를 상상해 보면 이해가 갈 것입니다. 그러면 구체적인 진언의 내용을 살펴보기로 하겠습니다.

옴 바아라 도비야 훔에서 **옴**은 모든 진언의 정형구조로서 그것 하나만으로도 훌륭한 진언이 됩니다. **옴**은 모든 진언의 모체가 되는 진언 중의 진언으로서 모든 법문의 어머니이며, 상대를 지극히 찬탄하는 극찬구極讚句이며, 모든 소리의 근원이며, 상대를 항복시키는 의미를 담고 있습니다. 또 **옴**은 우주의 핵심이며, 피안에 이르는 범선帆船이며, 우주와 삼라만상의 근원입니다. 따라서 이 우주와 삼라만상은 **옴**의 현현이라고 할 수 있습니다.

이처럼 **옴**은 그 뜻이 매우 깊고 중요해서 한두 마디로 해석할 수 없습니다. **옴**은 항상 진언의 맨 앞에 위치하며, 전체 진언의 내용에 따라 그 뜻이 달라질 수 있습니다. 그래서 **옴**은 모든 진언 중에서 가장 차원이 높은 진언인 것입니다.

다음의 **바아라**는 원래 **바즈라**라고 해야 합니다.

서양 사람들에게 **바즈라**라고 물어 보면 '다이아몬드'라고 알고 있는 경우가 많습니다. 인도에서는 **바즈라**라는 말을 흔히 일상적으로 쓰고 있습니다. **바즈라**를 우리말로 옮기자면 '금강金剛'이 됩니다. 다이아몬드는 다른 어떤 것으로도 그것을 깨뜨릴 수 없습니다. 그렇지만 다이아몬드는 다른 모든 것을 깨뜨릴 수 있습니다.

흔히 금강과 같은 견고한 지혜를 금강반야金剛般若라고 말합니다. 우리 마음의 지혜는 그 어떤 탐·진·치 삼독이나 번뇌망상도 깨뜨릴 수 있습니다. 그러나 지혜 그 자체를 깨뜨릴 물건은 이 세상에 아무것도 없습니다. 그래서 불교는 지혜를 중요하게 여기는 것입니다.

도비야의 뜻은 '소향존燒香尊에게'라는 말입니다. 끝의 **야**는 '~에게'라는 위격조사입니다.

소향존이란 향을 사르어 부처님께 공양 올리는 일이나 그런 일을 하는 사람을 가리키는 말입니다. 다시 말해서 금강과 같은 지혜의 향을 사르는 분이 소향존입니다. 그 소향존은 지혜로, 광명으로, 오분법신으로 무장된 분입니다. 금강의 지혜가 마음속에 간직된 소향존이기 때문에 그 향으로써 이 세상을 청정하게 하는 것입니다.

맨 끝의 **훔**은 '이구청정離垢淸淨'이란 뜻인데 진언의 맨 마지막에 나오는 정형구입니다. **훔**은 더러움을 벗어난 청정의 세계를 뜻합니다. 그래서 옛날에는 수행자들이 미심쩍은 음식을 먹을 때 먹기 전에 음식에다 **훔** 자를 쓰고 먹기도 했습니다.

청정하게 하는 데에는 향이 꼭 필요합니다. 지혜의 향이 있는 곳에 더러움이 있을 수 없습니다. 자기 자신만이 가질 수 있는 향기도 중요하지만 좀더 강력하고 좋은 향기를 발하여 다른 사람에게까지 향기를 풍겨야 온 세상이 청정해지는 것입니다.

그래서 **옴 바아라 도비야 훔**을 붙여서 해석하면, '금강석처럼 견고하고 훌륭한 마음으로 향을 올리는 존귀한 분을 지극히 찬탄하면 이 세계가 청정해진다'라고 풀이할 수 있습니다. 이 말은 곧 부처님의 공덕은 향과 같이 이 세계를 청정하게 만들고 있음을 찬탄하는 내용을 담고 있습니다.

제3장

불보

1. 만인의 스승, 석가모니 부처님

:

지심귀명례 삼계도사 사생자부 시아본사 석가모니불
至心歸命禮 三界導師 四生慈父 是我本師 釋迦牟尼佛

삼계의 도사이시며, 사생의 자부이시며,

우리의 근본 스승이신 석가모니 부처님께

지극한 마음으로 이 목숨 바쳐 귀의하며 예배드리옵니다.

풀이

삼계의 모든 중생들을 인도하여 가르치시는 스승이시며, 온갖
생명들의 자비하신 부모이시며, 우리들의 참다운 근본 스승이신
석가모니 부처님께 지극한 마음으로 이 목숨 다해 귀의하며 받드
옵니다.

해 설

여기서부터는 예배의 구체적 대상인 삼보가 등장합니다. 삼보는 불보佛寶·법보法寶·승보僧寶의 세 가지를 이르는 말입니다.

첫째, 불보佛寶는 부처님을 이르는 말로, 스스로 진리를 깨닫고 나아가 다른 이를 깨닫게 하는 자각각타自覺覺他의 행行이 원만한 분입니다. 그래서 이 세상에서 귀중한 보배인 것입니다.

둘째, 법보法寶는 부처님의 가르침을 말합니다. 부처님의 교법敎法은 세상의 그 어느 것보다 소중하기 때문에 보배인 것입니다.

셋째, 승보僧寶는 부처님의 가르침을 수행하는 대중을 말합니다. 승보는 귀중하고 존경할 만한 것이므로 보배에 비유한 것입니다.

맨 앞의 **지심귀명례**는 일곱 번 나온다고 해서 흔히 '칠정례七頂禮'라고 말합니다. 칠정례의 첫 번째, 두 번째는 부처님에 대한 예배이며, 세 번째는 부처님의 가르침에 대한 예배이고, 네 번째부터 일곱 번째까지는 부처님의 단체에 대한 예배입니다.

이 칠정례는 예배의 기본입니다. 흔히 법당에서 절을 할 때는 줄여서 삼배만 올리는 경우가 많습니다. 또 삼배를 축소해서 일배만 드리는 경우도 있습니다. 통상적으로 법당에서 절을 할 때는 삼배를 올리고, 보통 친견하는 일반 스님에게는 일배를 올리는 것이 자연스러운 일입니다. 여법하게 법상法床을 차려 놓고 큰스님께 절을 올릴 때는 삼배를 하지만 무조건 삼배를 고집하는 것도 부담스러울 때가 있습니다. 그러므로 절을 할 때도 지혜롭게 적절한 방법을 택해서 해야 할 필요가 있습니다.

여기서 거듭 일곱 번씩이나 되풀이해서 나오는 **지심귀명례**는 '지극한 마음으로 목숨을 바쳐 귀의하고 예배한다'는 뜻입니다. 예배를 드리는 데 있어서 하나뿐인 목숨을 바친다는 말은 곧 지극한 마음으로 예배드리는 것을 말합니다. 다시 말해서 예배하는 그 순간은 모든 것이 오롯이 하나가 되어야 한다는 것입니다.

흔히 백팔배나 삼천배를 운동처럼 하는 경우가 있어, 이것을 굴신운동이라고 해서 비판하는 사람도 있습니다. 미리 숫자를 정해 놓고 거기에 맞춰 절하는 것도 중생의 병통을 고치는 하나의 좋은 방편이 될 수 있습니다. 그러나 그렇게 하다 보면 자칫 예배의 근본정신에서 어긋나는 수가 많습니다. 단 한 번을 하더라도 온 우주가 녹아 내리는 듯 정성을 담아서 예배하는 것이 진짜 예배인 것입니다. 말 그대로 **지심귀명례**로 하는 것이 예배의 기본자세입니다.

첫 번째 **지심귀명례**는 부처님께 하는 것인데, 부처님은 삼계의 도사이시고 사생의 자부이시며, 나의 근본되는 스승이기 때문에 예배를 드리는 것입니다. 이 대목에서 우리는 부처님에 대한 근본 인식을 새롭게 할 필요가 있습니다.

먼저 부처님께서는 **삼계도사**이십니다. 삼계는 욕계欲界·색계色界·무색계無色界의 차원으로 설명할 수 있습니다. 그러나 삼계를 오늘날의 현실적인 차원으로 해석해 볼 수도 있습니다. 즉 욕계는 탐욕에 찌들어 돈벌이에만 눈이 밝은 사람을 가리키는 말로, 색계는 명예에 찌들어 있는 사람을 가리키는 말로, 무색계는 마음이 청정해 예술에 종사하는 사람을 가리키는 말로 각각 이해할 수도 있습니다.

또한 삼계를 하늘로 따져서 욕계·색계·무색계로 나타내는 경우도 있습니다. 말하자면 하늘의 세계도 그렇게 여러 가지로 펼쳐져 있는 것입니다. 부처님께서는 이미 삼천 년 전에 이 우주가 무한하다는 것을 경전 곳곳에 설해 놓으셨습니다. 요즈음에 와서 천체 망원경으로 태양계를 발견하고 은하계의 존재를 확인했지만, 부처님께서는 이미 훨씬 이전에 깨달음의 안목으로 무한한 우주 세계를 증명해 놓으셨습니다. 부처님의 위대성은 과학이 발달하면 발달할수록 입증되고 있습니다.

여기서 삼계는 곧 어떤 부류의 중생이든 혹은 무엇을 하며 사는 사람이든 천차만별의 인생 모두를 통틀어서 일컫는 말입니다. 부처님께서는 삼계의 도사이시니 그 어떤 부류의 사람이든 간에 모든 사람들을 이끌고 안내하고 제도하는 스승님인 것입니다.

다음으로 부처님께서는 **사생자부**이십니다. 사생은 태胎·란卵·습濕·화化의 네 가지 형태로 태어나는 중생의 세계를 말합니다. 태생은 인간이나 짐승처럼 모체의 태에서부터 태어나는 것입니다. 난생은 새와 같이 알에서 태어나는 것을 말합니다. 습생은 물기가 있는 습한 곳에서 생겨나는 벌레 등을 말합니다. 화생은 의지하는 곳 없이 변화하면서 태어나는 것을 말합니다. 극락세계에서는 태생하는 것이 아니라 화생한다고 말하는데, 그것은 중생세계에는 해당이 안 되는 것입니다.

사생 중에서 제일 큰 중생이 태로 태어나는 중생입니다. 중생세계는 태·란·습·화의 순서로 작아집니다. 부처님께서는 사생의 자부이시니 인간은 물론이고 하찮은 미물에게까지도 자비를 베푸는 분이십니다. 다른 종교에는 그런 자비사상이 없습니다. 불교의 자비사상은 아주 철두철미하게 완벽합니다. 부처님의 자비는 그 어디에도 미치지 않는 곳이 없습니다. 부처님께서는 막 태어난 갓난아이에게 자비를 베풀듯이 모든 생명 있는 것들에게 자비를 베풀라고 하셨습니다. 여기서 사생은 어떤 양상으로 태어나든 간에 모든 생명 있는 것들을 통틀어서 일컫는 말입니다.

마지막으로 부처님께서는 **시아본사**이십니다. 이것은 가장 중요한 부분입니다. **시아본사**를 글자대로 해석하면 '나의 근본되는 스승'이란 말입니다. 여기서 근본 스승이란 말은 대단히 중요한 의미를 갖고 있습니다.

우리는 일생을 살아가면서 많은 스승을 만납니다. 스승이란 나에게 가르침을 준 모든 사람을 가리킵니다. 불교를 믿는 신도 중에 어떤 사람은 관세음보살을 스승으로 삼아 열심히 관세음보살만 찾습니다. 또 어떤 사람은 처음부터 약사여래만 찾습니다. 그와 같이 자기가 믿고 따르는 스승이 제각각 다양하지만 그 모든 스승을 추적해서 근본을 찾아가면 석가모니 부처님이란 것입니다.

예를 들어 우리가 관세음보살이나 지장보살, 혹은 그 밖의 스님들로부터 배운다고 해도 그 가르침을 거슬러 올라가 보면 결국 그것은 석가모니 부처님에게서 나온 것이란 말입니다. 자기 자신도 석가모니 부처님을 통해서 존재하는 것입니다.

그래서 불교의 교조는 석가모니 부처님인 것입니다. 그런 의미에서 불자라면 누구나 근본되는 스승이신 석가모니 부처님의 생애와 내력에 대해 잘 알아야 합니다. 우리가 근본 스승이신 석가모니 부처님을 위시해서 배움의 눈만 뜨고 있다면 스승은 도처에 있습니다.

옛날에 어떤 사람이 죽어서 염라대왕 앞에 가게 되었습니다. 염라대왕이 그에게 "세상에서 어떻게 살았기에 지옥에 끌려와서 심판을 받느냐"고 물었습니다. 그가 대답하기를, "나를 가르쳐주는 선지식과 지도자가 아무도 없어서 제대로 배우지 못해 이곳에 오게 되었다"고 말했습니다.

그 말을 듣고 염라대왕은 그에게 "살아 있을 동안에 건강하던 사람이 병들어 고생하는 것을 보지 못했느냐?"고 물었습니다. 그랬더니 그는 그런 사람은 얼마든지 보았고, 자기도 그런 경험을 했노라고 대답했습니다. 그러자 염라대왕은 "이 세상에 그것보다 더 훌륭한 선지식이 어디 있단 말인가" 하고 꾸짖었습니다.

계속해서 염라대왕은 그에게 "주위에서 이 세상을 하직한 사람을 보지 못했느냐?"고 물었습니다. 그는 또 그런 일도 여러 번 보았노라고 대답했습니다. 그러자 염라대왕은 또 "이 세상에서 죽음처럼 훌륭한 스승을 보고도 배우지 못했단 말인가" 하고 꾸짖었습니다.

세상에서 만나는 노병사老病死의 실상들은 그대로 훌륭한 스승이며 살아 있는 선지식입니다. 우리가 경전을 통해서 가르침을 배우고 또 스승을 통해서 새로운 지식을 얻는 것은 단편적이고 지엽적일 수가 있습니다. 그것보다 살아가면서 겪는 삶의 현상들에서

보다 깊고 의미있는 가르침을 배울 수 있습니다.

부처님께서도 사문유관四門遊觀의 세상 돌아보기를 통해서 출가
하게 된 것입니다. 다시 말해서 네 개의 문을 통해서 인간의 생로
병사의 실상을 보고 출가를 결심한 것입니다.

경전에서 말하고 있는 염라대왕의 질책도 바로 현실 속에서 귀
감이 되고 스승이 될 만한 것에 눈 뜨는 것이 중요함을 말해 주고
있습니다.

그런 가르침을 통해 자각하고 발심하게 되면 그것보다 더 훌륭
한 스승은 없습니다. 인생에 대한 근원적인 문제 해결이 불교의
최종 목표라고 했을 때 누구의 설명을 들어서 깨닫는다는 것은 매
우 어려운 일입니다. 스스로 경험하고 발심하는 것이 공부의 가장
빠른 지름길이며, 결실 또한 큽니다. 마음의 문을 열고 보면 도처
에 선지식과 스승이 가득함을 발견할 수 있습니다. 자기가 경험하
는 것 하나하나가 바로 자기를 인도하고 깨우치는 스승임을 알아
야 합니다.

불교를 공부하는 사람은 자기 마음으로부터 우러나오는 발심과
그로 해서 진리에 대한 눈뜸을 배워야 합니다. 설사 부처님께서
이 자리에 와서 가르친다고 해도 진정한 마음의 눈뜸은 스스로의
자각에서 이루어지는 것임을 명심해야 합니다. 우리가 기도를 하
고 정진을 하는 것도 결국은 자신 속에 있는 마음의 눈을 뜨는 하
나의 계기를 마련하자는 것입니다.

불교는 모든 문제의 근본을 자기 자신에서부터 출발한다고 보
는 종교입니다. 자신의 문제가 해결됨으로 해서 우주 삼라만상의

일들이 그 열쇠로써 풀어질 수 있는 것입니다. 우리가 관세음보살을 부르며 기도 정진하는 것도 결국 자신 속에 무한히 응축된 힘을 끌어내는 작업인 것입니다.

불교는 대상에 집착하는 것을 가르치지 않습니다. 대상을 통해 궁극적으로 자신의 무한한 힘을 끌어내야 합니다. 대상이 전부인 것처럼 착각해서는 안 됩니다. 대상에만 맹목적으로 매달리는 것은 올바른 불교관이 아닐 뿐더러 자기 자신에 대한 올바른 이해는 더욱 아닙니다. 부처님께 지극한 마음으로 예배드리는 것도 궁극적으로는 자기 자신 속에 내재된 불성佛性에 예배드리는 것입니다.

지금은 우리가 중생이지만 미래에는 부처가 될 수 있기 때문에 우리도 예배의 대상이 되는 것입니다. 예배의 대상은 석가모니 부처님이나 관세음보살, 지장보살은 말할 것도 없고 유정有情·무정無情의 모든 것이 그 속에 다 포함되는 것입니다.

또 우리가 절에 와서 예배드리는 것은 가정으로 돌아갔을 때 가정을 법당으로 삼아 모든 가족들을 부처님으로 생각하고 예배드리는 하나의 훈련입니다. 가정에 있는 내 가족 부처님을 결코 소홀히 해서는 안 됩니다. 왜냐하면 부처님은 **시방삼세**, 즉 어느 곳 어느 때라도 항상 계시기 때문입니다.

인공위성을 타고 아무리 멀리 도망간다고 해도 시방 속을 벗어나지는 못합니다. 또 타임머신을 타고 과거로 소급해 간다고 해도 역시 삼세를 벗어나지는 못하는 것입니다. 그래서 우리가 부처님께 예배드리는 것은 결국 자기 자신에게 절하는 것이 됩니다. 그것은 또한 자신의 아만을 깨고 덕을 키워가는 일이기도 합니다.
예배를 드릴 때는 항상 그 교훈을 잊지 말아야 합니다.

2. 부처님은 나의 진실 생명

⋮

지심귀명례 시방삼세 제망찰해 상주일체 불타야중
至心歸命禮 十方三世 帝網刹海 常住一切 佛陀耶衆

시방과 삼세, 제망과 찰해에 항상 머무시는
일체 부처님께 지극한 마음으로 이 목숨 바쳐 귀의하며
예배드리옵니다.

풀 이

　시방 세계에 두루 계시고 과거·현재·미래에 항상 계시는 모
든 부처님께 귀의합니다. 제석천궁帝釋天宮을 덮어 드리운 그물,
그 그물에 달린 구슬에 비춰진 구슬 그림자처럼 중중무진重重無盡
한 부처님께 지극한 마음으로 이 목숨 다해 귀의하며 받드옵니다.
저 바다처럼 널리 두루 계시는 부처님께 지극한 마음으로 귀의합

니다.

해 설

계속해서 이어지는 이 구절도 부처님에 대한 예배를 표현한 것입니다. 부처님은 **시방삼세**에 계시는 분이십니다. 시방은 앞에서도 언급했듯이 동·서·남·북 사방과 동남·동북·서남·서북의 사유四維에다 상·하를 합하여 열 가지의 방향을 나타낸 말입니다. 또 삼세는 과거세·현재세·미래세를 이르는 말입니다.

불교에서 시방은 공간적인 개념을 나타낸 말이고, 삼세는 시간적인 개념을 나타낸 말이 됩니다. 이 말은 곧 그 어느 곳에서나 그 어느 때라도 부처님은 항상 있다는 말입니다.

다음으로 **제망찰해**를 글자 그대로 해석하면 '제석천의 궁전을 덮고 있는 그물처럼 많고 바다같이 넓은 세계'라는 뜻입니다. 불교에서는 많다는 의미로 제망이란 말을 많이 씁니다.

제석천에 펼쳐져 있는 그물에는 매듭 매듭마다 영롱하고 투명한 구슬이 달려 있습니다. 그 구슬들은 이쪽 구슬이 저쪽 구슬을 비추고, 저쪽 구슬이 또 이쪽 구슬을 서로 비추고 있습니다. 그래서 한 개의 구슬 속에 주변의 모든 구슬들이 다 비치는 것입니다. 마찬가지로 옆의 구슬도 다른 많은 구슬들이 그 구슬에 반사되어 서로 비치고 있는 것입니다. 즉 구슬 구슬마다 구슬의 그림자가 서로 비치는 것입니다. 그물에 달려 있는 구슬도 엄청난 숫자이거니와 그 구슬에 비친 구슬의 그림자 숫자 또한 무한한 것입니다.

불교에서는 그와 같이 거듭거듭 다함이 없는 많고 많은 세계를 중중무진重重無盡이라고 표현합니다. 이 말은 우주 삼라만상이 바로 중중무진하게 펼쳐져 있다는 의미입니다. 그것은 결국 중중무진하게 펼쳐져 있는 세계에 부처님이 항상 계신다는 뜻입니다. 제석천의 구슬에 비친 그림자 구슬처럼 많이 널려 있는 우주 공간에 부처님께서 두루 계시다는 불교의 세계관은 실로 놀라지 않을 수 없습니다.

오늘날 과학의 발달로 인하여 부처님의 우주관에 조금씩 접근하고 있습니다. 전하는 바에 의하면 미국의 인공위성을 발사하는 과학연구소에서 『화엄경』을 교재로 연구한다는 이야기가 있습니다. 『화엄경』 안에는 화장세계華藏世界라는 부처님의 우주관에 대한 이야기가 끝없이 펼쳐져 있습니다. 화장세계에 나오는 화장도華藏圖는 인공위성 연구소에서 우주를 관측하여 그린 도표와 너무나 흡사하다는 것입니다.

부처님은 삼천 년 전에 이미 혜안으로 중중무진한 우주 세계를 보신 것입니다. 천체 망원경이 아무리 발달하였다 하더라도 부처님 지혜의 안목은 따라갈 수 없습니다.

요즈음에는 과학과 불교를 접목시킨 책도 많이 출간되고 있습니다. 불교를 과학이 증명하고 있는 것입니다. 과학이 발달하면 할수록 부처님의 위대성에 새삼 놀라게 되는 것입니다.

밤하늘에 떠 있는 별들은 수도 없이 많습니다. 그것은 우리가 사는 이 지구보다도 훨씬 큰 것들입니다. 태양계는 말할 것도 없고 무수한 은하계는 그야말로 '불가설不可說 항하사恒河沙 불찰佛刹 미진수微塵數 무량수無量數'의 세계입니다. 다시 말해서 우주 삼라만상은 말로 표현할 수 없을 정도로 무한한 세계인 것입니다. 그런 세계에 부처님은 항상 계시는 것입니다.

마지막의 **불타야중**은 '모든 부처님에게'라는 뜻입니다. **불타**는 붓다·부처님이란 말이며, **야**는 '~에게'라는 위격조사이며, 중은 '무리' 혹은 '많다'는 복수의 뜻이 있습니다.

지심귀명례 시방삼세 제망찰해 상주일체 불타야중은 결국 '모든 공간과 시간을 다 채우도록 많고 많으며 항상 계시는 부처님께 지극한 마음으로 예배드린다'는 뜻입니다. 이 말을 정확히 이해하려면 여기서 부처님의 세 가지 양상에 대해 확실히 알아야 합니다. 그래야만 우리가 예배를 드리거나 기도를 하는 이유를 확연히 알 수 있습니다. 부처님에게는 세 가지 몸이 있다고 해서 삼신불三身佛이라고 말합니다. 그것은 법신法身·보신報身·화신化身을 말합니다.

우리가 알고 있는 역사적인 인물로서의 석가모니 부처님은 말하자면 화신에 해당합니다. 화신인 석가모니 부처님은 하나의 꼭두각시에 불과합니다. 그 꼭두각시를 조종하는 진짜 부처님이 있는데, 그것이 바로 법신입니다. 법신은 오늘의 석가모니 부처님을 있게 한 참 주인공인 것입니다.

삼신불을 쉽게 이해하자면, 법신불은 부처님의 본체적이며 내면적인 것입니다. 또 화신불은 외형적이며 현상적인 것을 말하는데, 그것이 합하여 우리에게 미치는 영향력을 보신불이라고 할 수 있습니다.

부처님에 대한 세 가지 다른 모습에 대해서 정확히 알아야 올바른 믿음을 가질 수 있습니다. 흔히 우리가 부처님께 기도를 하면서도 법당 안에 있는 등신불等身佛에게 하는 것인지, 이미 삼천 년 전에 열반에 드신 석가모니 부처님께 하는 것인지, 아니면 보이지 않는 신神에게 하는 것인지 정확하게 모르고 하는 수가 많습니다.

앞에서도 잠깐 언급했듯이 역사적인 인물로서의 석가모니 부처님을 석가모니 부처님이게 하는 진짜 주인공이 있는데, 그것이 법신입니다. 법신은 진리의 몸을 말합니다. 흔히 본래면목本來面目·진여眞如·주인공·본성本性·본체本體·자성自性 등으로 표현하기도 합니다.

법신자리는 영원히 죽지도 않고 멸하지도 않습니다. 우리의 몸뚱이는 잠이 들어도 법신은 자지 않고 항상 깨어 있습니다. 또 우리가 아무리 바삐 움직여도 가만히 있는 주체가 되는 것이 법신입니다.

한 가지 쉬운 예로, 우리가 법당에 앉아 공부할 때는 학생이지만 집으로 돌아가면 한 가정의 주부이고, 아내가 됩니다. 다시 말해서 법당에 있을 동안만 학생으로 살아 있는 것이지 법당을 나서면 그때부터는 학생의 신분은 이미 아닌 것입니다. 그러나 그런 외형적인 변화와 관계 없이 본체는 죽지 않고 영원히 존재하며, 우리를 학생으로도, 주부로도, 아내로도 조종하는 것입니다.

부처님께서 이 땅에 오셔서 팔십 년 간을 사셨다는 것은 마치 법당에 앉아 잠깐 공부하는 학생으로 머물러 있었던 것과 같습니다. 비록 삼천 년 전에 부처님께서는 열반하셨지만, 법신불은 영원히 살아계신 것입니다. 우리의 마음자리는 그 영원히 존재하는 부처님의 법신 자리와 맞닿아 있습니다.

우리가 예배드리고 기도하는 행위는 부처님의 법신자리와 자신의 마음자리를 맞닿게 하는 운동입니다. 그렇기 때문에 무조건 기도를 하는 것이 중요한 게 아니라 정확히 제대로 해야 하는 것입니다. 부처님의 본체와 자신의 본성이 하나로 일치되게 기도를 해야 소원하는 바를 이룰 수 있는 것입니다.

예를 들어 우리가 라디오를 듣고 싶으면 주파수를 거기에다 맞추어야 합니다. 엉뚱한 곳에 채널을 고정시켜 놓고 소리만 잔뜩 높인다고 해서 원하는 방송이 나오는 것은 아닙니다. 비록 소리가 낮아도 주파수만 제대로 맞추면 정확하게 들을 수 있는 것입니다.

기도하는 마음자세도 그와 똑같은 이치입니다. 자신의 마음에는 욕심이 가득한데 아무리 부처님이나 관세음보살께 기도를 한다 해도 그것은 주파수가 맞지 않는 것입니다.

우리가 기도를 하는 것은 우리에게도 부처님이나 관세음보살과 같은 만행 만덕이 있다는 것을 확인하는 일이며, 그 위대한 힘을 끌어내는 것입니다. 기도는 하나의 충전 작업입니다. 전기를 충전시키려면 전기선에 꽂아놓아야 하듯이 석가모니 부처님의 위대한 힘을 빌리려면 우리의 마음자리를 석가모니 부처님의 법신 주파수에 정확히 맞추어야 합니다. 그렇기 때문에 기도는 단 한 번을 하더라도 오롯한 마음으로 정성들여 해야 하는 것입니다.

서양에서는 석가모니 불상보다 법신 비로자나 불상을 더 많이 모시고 있음을 볼 수 있습니다. 부처님의 법신자리에 대한 이해가 과학적으로 납득이 가기 때문입니다. 기도하는 정신세계가 부처님의 법신자리와 바로 맞닿는다는 이론은 너무나 과학적입니다. 다시 말해서 부처님의 법신자리는 우주 만유의 근원이며 본체입니다. 그래서 우리가 석가모니 부처님의 법신자리와 똑같음을 확인하려면 채널과 주파수를 정확히 맞추어야 하는 것입니다.

물리학에서 같은 소리는 공명共鳴한다고 합니다. 비록 떨어져 있어도 똑같은 주파수를 맞추어 놓으면 두 소리가 함께 울리는 성질이 있습니다. 그와 같이 우리의 마음자세가 부처님의 법신자리와 채널이 맞아떨어지면 공명하게 되어 있는 것입니다.

이 세상에 존재하는 모든 물질은 그 나름대로의 힘을 갖고 있는데, 그것을 흔히 자장대라고 표현합니다. 모든 사물은 자장대를 갖고 있기 때문에 서로 영향을 미치고 영향을 받습니다. 부처님의 법신은 수억 겁 동안 공덕을 쌓은 것이기 때문에 우리에게 엄청난 영향력을 미칩니다. 그 영향력은 시간과 공간을 초월한 무한한 힘인 것입니다. 그러므로 부처님의 법신에 대한 이해는 올바른 믿음을 갖게 하는 대단히 중요한 대목입니다.

다음으로 화신불은 다른 말로 응신불應身佛이라고도 하는데, 역사적으로 인도에서 태어나서 우리에게 법을 전하시고 열반에 드신 실존했던 인물인 석가모니 부처님을 말하는 것입니다. 우리가 흔히 법당에 조각해서 모셔 놓은 등신불이나 각 가정에 모셔 놓은 부처님의 사진 등은 모두 화신불의 범주에 속한다고 할 수 있습니다. 우리는 화신불을 통해 법신불을 만나야 합니다.

다음으로 보신불은 흔히 공덕의 몸이라고 해서 공덕신功德身이라고 표현합니다. 그것을 다른 말로 바꾸면 하나의 영향력이라고 할 수 있습니다. 똑같은 삶을 살아가더라도 각자 쌓은 복덕과 지혜에 따라 그 영향력은 서로 다릅니다. 부처님의 자비와 지혜의 영향력은 우리와 감히 비교될 수 없는 것입니다.

전기로 비유하자면 우리가 겨우 자기 앞을 비출 수 있는 삼십 촉짜리 전기라면, 부처님은 수억만 볼트가 넘는 엄청난 양의 전기입니다. 그렇기 때문에 온 인류를 다 비추고도 남음이 있습니다.

삼신불을 달에 비유해서 설명할 수 있습니다. 법신불은 하늘에 항상 떠 있는 달을 말하며, 화신불은 '천강유수 천강월千江有水 千江月'이라고 하여 물이 있으면 어느 곳에서나 다 비치는 물에 비친 달을 말하며, 보신불은 달빛을 말합니다.

삼신불도 중생의 이해 정도에 따라 그 비춰지는 모습이 각기 다릅니다. 달을 보는 데 있어서도 컵을 갖다 놓고 보면 컵에 비친 달은 아주 작지만 큰 바다에 가서 보면 달의 크기가 다릅니다. 우리가 어떤 마음으로 보느냐에 따라 그 차이는 엄청난 것입니다.

법신에 해당하는 하늘의 달은 항상 똑같은 크기로 언제나 그 자리에 있습니다. 다만 주위의 환경에 따라 초승달도 되고 보름달도 되는 것입니다. 달의 크기에 따라 달빛이 다른 것과 마찬가지로 우리도 각자가 쌓은 복덕과 지혜에 따라 영향력과 역할이 달라지는 것입니다.

또 보화비진報化非眞이라고 해서 보신과 화신은 영원한 것이 아닙니다. 그것은 인연 따라 나타나는 것입니다. 법신만이 영원한 불생불멸의 존재입니다. 깨달음을 있게 하는 것도 법신자리요, 시방삼세에 항상 있는 우주의 대생명도 법신자리입니다. 우리가 예불을 드리고 기도를 하는 것도 부처님의 참 모습인 법신에 대해 예배드리는 것임을 명심해야 합니다. 불교에서 신앙의 대상은 바로 법신불인 것입니다. 본질적으로 부처님은 자기 자신과 하나로 연결되어 있습니다. 천지天地가 나와 같은 뿌리인 여아동근與我同根이며, 만물萬物이 나와 같은 몸인 여아일체與我一體인 것입니다. 여기에 대한 확신과 이해가 생길 때 우리의 자각과 발심은 굳건해지는 것입니다.

우리가 보고 느끼고 생활하는 것을 한꺼풀 벗겨 놓고 보면 우주 만물이 하나로 꿰뚫려 있습니다. 그것은 부처님의 참 생명과 자기 자신이 결코 둘이 아니라 하나이기 때문입니다. 부처님에 대한 올바른 이해는 곧 자기 자신에 대한 올바른 이해인 것입니다. 우리가 기도를 할 때나 경전을 볼 때도 그러한 안목이 정립되어 있으면, 그 어떤 것도 이해가 되고 소화시킬 수 있습니다.

불자라면 누구나 삼신불에 대한 정확한 이해가 선행되어야 합니다. 그래야만 우리의 신앙이 모호해지지 않습니다. 기도를 할 때나 자성자리를 찾는 참선 공부를 할 때도 신앙의 대상이 되는 부처님에 대한 관계를 정확히 파악해서 그 뿌리가 무엇인지를 잊지 말아야 합니다.

믿음은 바로 우주의 본체입니다. 또 믿음은 자기 자신의 근원입니다. 믿음은 나아가 부처님의 한량없는 무량공덕과 자기 자신의 생명이 결코 둘이 아니라는 법신자리에 대한 신앙임을 명심해야 합니다. 이것은 곧 불교의 생명이기 때문에 거듭거듭 강조해도 지나치지 않습니다.

제4장

법
보

1. 부처님도 법으로 인해서 부처가 된 것이다

⋮

지심귀명례 시방삼세 제망찰해 상주일체 달마야중
至心歸命禮 十方三世 帝網刹海 常住一切 達摩耶衆

시방과 삼세, 제망과 찰해에 항상 머무시는
일체 달마에 지극한 마음으로 이 목숨 바쳐 귀의하며
예배드리옵니다.

풀이

　시방 세계에 두루 계시고 과거·현재·미래에 항상 계시는 모든 부처님의 가르침에 귀의합니다. 제석천궁帝釋天宮의 구슬처럼 중중무진重重無盡한 부처님의 가르침에 귀의합니다. 저 바다처럼 넓고 깊은 부처님의 가르침에 지극한 마음으로 이 목숨 다해 귀의하며 받드옵니다.

해 설

세 번째의 **지심귀명례**는 법法에 대한 예배입니다. 여기서 **달마** 는 **다르마**의 다른 표기입니다.

다르마는 법, 혹은 진리란 뜻입니다. 진리의 가르침 그 자체가 바로 법인 것입니다. 법의 구체적인 모습은 경전으로 우리에게 전해지고 있습니다. 경전을 법이라고 하는 것은 그 속에 부처님의 본심이 내포되어 있기 때문입니다.

『박카리경跋迦梨經』에는 법에 대한 부처님의 가르침이 실려 있습니다.

부처님께서 죽림정사竹林精舍에 계실 때였습니다. 그 무렵 박카리라는 비구가 어떤 도공陶工의 집에서 앓고 있었습니다. 병은 날로 위독해져 회복하기 어려워졌습니다. 그는 곁에서 간호하고 있던 스님을 불러 마지막으로 꼭 부처님을 뵙고 예배드릴 수 있게해 달라고 간청했습니다. 간호하던 스님은 그 말을 부처님께 여쭈었습니다.

부처님께서는 곧바로 도공의 집으로 박카리를 찾아왔습니다. 박카리는 부처님을 보자 자리에서 일어나려고 몸을 일으켰습니다. 부처님께서는 박카리의 머리맡에 앉아 뼈만 앙상하게 남은 그의 손을 잡고 일어나지 못하게 했습니다. 그리고는 그에게 병과 음식에 대해 묻고, 후회되거나 원통한 생각이 드는 일이 없는지를 물었습니다. 박카리는 죽기 전에 마지막으로 부처님을 찾아뵙고 예배를 드리고 싶은데 몸이 움직여지지 않아 후회스럽고 원통하다고 말했습니다.

이 말을 듣고 부처님께서는 "박카리여, 이 썩어질 몸뚱이를 보고 예배를 해서 어쩌자는 것이냐. 법을 보는 자는 나를 보는 사람이요, 나를 보는 사람은 법을 보아야 한다. 그러므로 나를 보려거든 법을 보아라"라고 말씀하셨습니다.

이 말씀은 곧 부처님과 법은 둘이 아니라는 것입니다. 법은 영원히 살아 있는 것입니다. 부처님의 위대성도 결국 법의 발견에 있습니다. 그러므로 법에 대한 올바른 견해는 곧 부처님에 대해 올바른 이해를 하는 것입니다.

법은 곧 가르침입니다. 또 진리 그 자체를 뜻하기도 합니다. 부처님께서는 진리를 깨닫고 가르쳤기 때문에 법은 곧 진리입니다. 그래서 불교는 진리의 가르침입니다. 부처님과 가르침과 진리는 둘이 아니라 하나인 것입니다. 결국 부처님도 법으로 인해서 부처가 된 것입니다.

경전에는 또 이런 말씀이 있습니다.

"부처님을 위하고 부처님께 헌신한다고 해서 부처님을 머리에 이고 한량없는 세월을 지나며, 내 몸이 부처님을 받드는 무한히 넓은 평상이나 의자가 되어 부처님을 모신다고 하더라도 법을 깨닫고 법을 전하여 중생을 제도하지 못한다면 끝내 부처님의 은혜는 갚을 길이 없다[假使頂戴經塵劫 身爲床座便三千 若不傳法度衆生 畢竟無能報恩者]."

부처님의 가르침은 경전으로 우리에게 전해지고 있습니다.

경전은 다시 삼장三藏으로 나눌 수 있는데, 그것은 경장經藏·율장律藏·논장論藏입니다.

경장은 부처님께서 말씀하신 법문을 모은 것입니다. 율장은 부처님께서 불제자들이 일상생활에서 지켜야 할 여러 가지 법규를 모은 것입니다. 논장은 앞의 경과 율을 체계적으로 설명해 놓은 것을 말합니다. 그 외에 선禪에 관한 전적들을 따로 묶어서 선장禪藏이라고 하기도 합니다.

이렇게 부처님의 법이 삼장으로 전해옴으로써 우리는 부처님을 알고, 그 가르침을 따라 공부하고 수행하는 것입니다. 불교의 모든 교리는 바로 삼장으로 인한 것임을 알아야 합니다.

법과 관련하여 부처님께서는 연기에 대한 법문을 마치시고는, "이 진리는 내가 이 세상에 오지 않아도 법계法界에 영원히 존재하는 것이다"라고 말씀하셨습니다. 부처님께서 법에 대해 깨닫거나 깨닫지 못하거나에 관계없이 법은 영원히 존재하는 것입니다.

부처님의 법은 부처님께서 인위적으로 만드신 것이 아닙니다. 부처님께서는 이미 존재해 있는 진리의 세계를 발견했을 뿐입니다. 그래서 불교에서 말하는 진리는 영원히 살아 움직이는 것입니다.

부처님께서는 여러 가지 비유와 방편, 세밀하고도 논리적인 분석과 깊은 사유로써 중생들에게 진리를 가르쳐 주었습니다. 다시 말해서 부처님께서는 중생의 근기에 맞추어 최상의 가르침을 전하였던 것입니다.

그러므로 우리가 법을 대할 때는 부처님의 진의眞意가 무엇인지를 읽을 수 있어야 합니다. 또한 우리가 법을 배우는 목적은 참된 삶을 꾸려나가는 데 있다는 것을 잊지 말아야 합니다.

우리가 법에 대해 예배드리는 것은 그 법이 시방과 삼세, 즉 그 어느 곳에서나 그 어느 때라도 항상 있기 때문입니다. 또 법의 세계는 무한한 세계에 항상 존재하고 있습니다. 그렇기 때문에 법은 불교의 생명이며, 법에 대한 예배는 진리의 세계로 들어가서 진리대로 살겠다는 의지의 표현입니다.

제5장

승보

1. 조화는 아름답고 행복한 것

⋮

지심귀명례 대지문수사리보살 대행보현보살
至心歸命禮 大智文殊舍利菩薩 大行普賢菩薩

대비관세음보살 대원본존지장보살마하살
大悲觀世音菩薩 大願本尊地藏菩薩摩訶薩

큰 지혜의 문수사리보살님, 큰 행위의 보현보살님,

큰 자비의 관세음보살님, 큰 서원의 본존이신

지장보살님께 지극한 마음으로 이 목숨 바쳐 귀의하며

예배드리옵니다

풀 이

큰 지혜로 모든 불보살님의 스승이 되신 문수사리보살님께 귀
의합니다. 보다 큰 실천과 행동으로 이 세상에 나투신 보현보살님

께 귀의합니다. 대자대비로 모든 중생을 두루 살피시는 관세음보살님께 귀의합니다. 큰 서원으로 모든 중생의 고통을 구해 주시는 지장보살님께 지극한 마음으로 이 목숨 다해 귀의하며 받드옵니다.

해 설

네 번째의 **지심귀명례**는 승가(僧伽)에 대한 것인데 그중에서도 보살님에 대한 예배가 먼저입니다. 승가는 앞에서도 잠깐 언급했듯이 불교를 좋아하는 사부대중을 통틀어서 일컫는 말입니다. 승가를 다른 말로 바꾸면 부처님의 가족이라고 할 수 있습니다.

여기에는 문수·보현·관음·지장의 네 분 보살님이 등장하는데, 많은 보살님 중에서 그분들을 특별히 강조하는 데에는 그만한 이유가 있기 때문입니다. 문수보살과 보현보살이 짝을 이루고, 관세음보살과 지장보살이 각각 짝을 이뤄 우리에게 조화된 참을 보여 주고 있습니다.

먼저 문수보살은 지혜가 출중한 보살로서 부처님의 지혜를 대신한다고 볼 수 있습니다. 그 반면에 보현보살은 실천이 수승한 보살로서 이름 끝에는 항상 행(行) 자가 붙습니다. 지혜와 행으로 대별되는 문수보살과 보현보살은 결국 지혜는 실천으로 걸러져야 하고, 실천은 지혜를 동반해야 한다는 것을 가르쳐 주고 있습니다. 지혜의 밑바탕 위에 실천이 이루어지면 완벽한 것이 될 수 있습니다.

문수보살과 보현보살은 세상사의 온갖 상대적 개념을 대표한다고 할 수 있습니다. 문수보살이 왼쪽이라면 보현보살은 오른쪽에 해당하며, 문수보살이 정적인 성질을 갖고 있다면 보현보살은 동적인 성질을 갖고 있습니다. 그래서 문수보살은 여성의 역할을, 보현보살은 남성의 역할을 각각 수행하고 있습니다.

경전에서는 문수보살을 가리사家裏事로, 보현보살은 도중사道中事로 각각 표현하고 있습니다. 다시 말해서 문수보살은 아내의 역할인 집안일을 담당하며, 보현보살은 남편의 역할인 바깥일을 담당합니다. 이 두 가지가 완전무결하게 책임과 의무를 다할 때, 비로소 한 가정의 평화는 이루어지는 것입니다.

문수보살과 보현보살의 관계를 잘 이해한다면 결코 집안이 잘못 될 수가 없습니다. 한 가정이 제대로 되려면 문수보살에 해당하는 아내의 할 일은 아내가 완벽하게 처리해야 합니다. 또 보현보살에 해당하는 남편의 할 일은 남편이 완벽하게 처리해야 합니다. 각자의 역할을 충분히 수행할 때, 가정은 안정과 행복으로 가득할 것입니다.

또 문수보살은 정신적인 문제를 담당하며, 보현보살은 육체적인 문제를 담당합니다. 이것은 곧 문수보살은 감정적이고 기분과 관계되는 일을 책임져야 하는 반면에 보현보살은 경제적인 문제를 해결해야 한다는 것입니다. 세상을 살아가는 데 있어서 기분만 좋고 배가 고프거나, 배는 잔뜩 부른데 기분이 우울하다면 그것은 바람직한 삶이 아닙니다. 그래서 여자는 집안에서 감정적인 문제를 잘 다독거려야 하고, 남자는 집 밖에서 경제적인 문제를 담당해야 합니다.

한 가지 쉬운 예로, 결혼을 할 때 남자의 결혼 조건은 첫째로 경제적인 능력을 따집니다. 그러나 여자의 결혼 조건은 경제력보다는 사람 됨됨이를 우위에 두는데, 그것은 곧 정신적이고 감정적인 부분에 해당합니다. 한 가정에서도 집안의 분위기가 우울하고 그늘져 있다면 그것은 여자의 책임이며, 경제적으로 윤택하지 못하다면 그것은 남자에게 책임이 있는 것입니다. 세상사 하나하나가 모두 문수보살과 보현보살의 관계로 짜여 있음을 볼 수 있습니다.

　계속해서 문수보살과 보현보살은 체體와 용用의 관계에 있습니다. 문수보살은 내용적인 면에, 보현보살은 외형적인 면에 각각 해당됩니다. 또 문수보살과 보현보살은 법신 비로자나 부처님의 비서격인 좌우보처左右補處의 관계에 있습니다.

　문수보살이 문수보살의 역할을 다하고, 보현보살이 보현보살의 역할을 다할 때 가장 이상적이고 바람직한 인격체인 법신 비로자나 부처님이 존재하는 것입니다. 다시 말해서 진짜 부처가 되려면 문수보살과 보현보살이 어느 한쪽도 치우침이 없이 자기 할 일을 완수해야 합니다.

　문수보살과 보현보살이 각각의 역할에 대해 의무와 책임을 다할 때 수레의 두 바퀴와 같이 완벽해져서 이루고자 하는 일을 성취할 수 있을 것입니다. 문수보살과 보현보살을 통해 이 세상을 구성하는 모든 조화로움을 배울 수 있습니다. 결국 진정한 조화를 이룬 이상적인 삶은 각자가 자기 자리에서 맡은 바 역할을 충실히 하는 것입니다.

다음으로 관세음보살과 지장보살이 짝을 이룬 것은, 각각 현세現世의 문제와 내세來世의 문제를 담당하고 있기 때문입니다. 다시 말해서 관세음보살은 현세에서 일어나는 오늘의 문제를 담당하여 자비로써 해결해 주시는 분입니다. 반면에 지장보살은 사후死後의 유명세계幽冥世界에 대한 모든 문제를 담당한 분입니다.

관세음보살에 대한 신앙은 중국, 한국, 일본 등 북방불교권에서 대단히 성행하고 있습니다. 왜냐하면 관세음보살은 우리의 생활 속에서 일어나는 온갖 자질구레한 문제들까지 일일이 들으시고 자비로써 해결해 주시는 분이기 때문입니다. 그래서 자녀들의 진학 문제나 남편의 승진 등은 관세음보살께 기도를 올리는 것입니다.

지장보살은 서원이 가장 높은 분이기 때문에 대원본존大願本尊이라고 말합니다. 왜냐하면 지장보살은 지옥에 떨어진 지독한 중생들까지도 기필코 제도하겠다고 원을 세운 분이시기 때문입니다. 지장보살은 지옥 문전에 서서 죄 많은 중생을 제도하기 때문에 그 원은 눈물겹도록 원대한 것입니다. 그래서 흔히 천도를 하거나 재齋를 지낼 때는 지장기도를 올립니다.

지장보살의 원력이 위대함은 진언眞言에서도 잘 나타나 있습니다. 관세음보살의 진언은 단순하게 업장을 소멸하는 '멸업장진언滅業障眞言'인데 반하여 지장보살의 진언은 이미 결정된 업장을 소멸하는 '멸정업진언滅定業眞言'입니다. 부처님께서도 정해진 업은 면하지 못한다고 하는데, 반드시 받아야 하는 업까지도 소멸시키겠다는 원력을 세운 분이 지장보살입니다.

결국 관세음보살과 지장보살의 대비는 보이는 세계와 보이지 않는 세계에서 일어나는 문제를 해결함으로써 조화를 이룬 이상적인 삶의 구현에 그 궁극적인 목적이 있는 것입니다. 전통적으로 신앙의 큰 줄기를 이뤄온 관세음보살과 지장보살에 대한 이해는 오늘의 문제와 내일의 문제라는 점에서 우리의 삶에 커다란 교훈을 남기고 있습니다.

이상으로 문수보살과 보현보살, 관세음보살과 지장보살로 대별되는 관계에 대해 자세히 살펴보았습니다.

이 네 분의 보살은 세속에 살고 있는 우리와 똑같은 모습을 하고 있습니다. 다시 말해서 세속 옷을 입고 세속의 삶을 지향하는 것이 보살의 역할인 것입니다. 보살사상은 대승불교에서 중생과 부처의 중간 역할을 하는 분입니다. 보살사상에서 보면 궁극적으로는 부처님도 세속인과 둘이 아닙니다. 그래서 늘 우리와 함께 있음을 엿볼 수 있는 중요한 대목입니다.

우리가 스님들께 귀의한다고 할 때, 이런 보살님들이 승보의 우두머리에 남아 있음을 알아야 합니다. 가끔 존경할 만한 스님이 없다고 푸념을 늘어놓는 경우가 있습니다. 이것은 불교에 대해 올바로 이해하지 못하고 하는 소리입니다. 승보에는 우리의 모범이 되는 보살님들이 계시다는 것을 잊지 말아야 합니다.

마지막의 **제존보살마하살**은 위에서 든 사대 보살을 위시하여 여타 다른 보살의 지위에 있는 모든 이들을 함께 일컬어서 지극한 마음으로 예배드린다는 뜻입니다.

2. 뿌리가 견고하면 가지가 무성하다

:

지심귀명례 영산당시 수불부촉 십대제자 십육성
至心歸命禮 靈山當時 受佛付囑 十大弟子 十六聖

오백성 독수성 내지 천이백 제대아라한 무량자비성중
五百聖 獨修聖 乃至 千二百 諸大阿羅漢 無量慈悲聖衆

영산당시 부처님의 부촉을 받으신 십대 제자와
십육 성현과 오백 성현과 독수 성현과 내지
일천이백 모든 큰 아라한의 한량없는 자비하신 성현님께
지극한 마음으로 이 목숨 바쳐 귀의하며 예배드리옵니다.

풀이

　영산회상靈山會上에서 부처님으로부터 직접 부촉을 받은 열 분
의 큰 제자님들께 귀의합니다. 열여섯 분의 성현과 오백 분의 성

현과 독수 성현에게 귀의하며 받드옵니다. 그리고 일천이백 분의
모든 큰 성현들과 한량없이 자비하신 여러 성현님들께 지극한 마
음으로 이 목숨 다해 귀의하며 받드옵니다.

해 설

다섯 번째의 **지심귀명례**도 승가에 대한 것인데, 보살님 다음으
로 부처님을 따르던 제자들에 대한 예배입니다.

부처님께서 살아계실 때 영축산에서 최후 십여 년 동안 법을 설
하던 시대를 **영산당시**라고 말합니다. 이 시기에 교화가 최고로 빛
을 발했으며, 주로 『법화경』이 설해졌습니다. **영산당시**는 부처님
의 일생 중에서 가장 전성기에 해당되는 빛나던 때였습니다.

부처님께서 가장 왕성하게 전법傳法하던 때에는 많은 제자들이
항상 부처님을 따라다녔습니다. 그 제자들에게 부처님께서는 유
훈遺訓을 남기셨습니다. **수불부촉**은 부처님의 직접적인 부탁을 받
는 것을 말합니다. 다시 말해서 부처님께서는 열반 후에 어떻게
법을 전하고 수행할 것인가에 대한 부탁을 제자들에게 내린 것입
니다.

부처님의 유촉遺囑을 직접 받은 훌륭한 제자는 대단히 많지만
그중에서 열 분을 든 것입니다. 그 십대 제자는 역사적으로 모두
실존했던 인물로, 각자의 능력이 출중해서 저마다 또다른 이름을
갖고 있습니다.

그 열 분을 나열해 보면, 지혜제일智慧第一 사리불舍利弗 · 신통제
일神通第一 목건련目犍連 · 두타제일頭陀第一 마하가섭摩訶迦葉 · 천안

제일天眼第一 · 아나율阿那律 · 해공제일解空第一 수보리須菩提 · 설법제
일說法第一 부루나富樓那 · 논의제일論議第一 가전연迦旃延 · 지계제일
持戒第一 우바리優婆離 · 밀행제일密行第一 라홀라羅睺羅 · 다문제일多
聞第一 아난타阿難陀입니다.

사리불은 부처님의 제일 큰 제자로서 사리자舍利子라고도 하는
데, 『반야심경』과 『법화경』의 주인공으로 지혜가 무궁하여 모든 의
혹을 푸는 데 있어서 그를 따를 자가 없었다고 합니다. 목건련은
목련존자目連尊子라고도 하는데, 신통을 얻은 후 지옥에서 고통받
고 있는 어머니를 천도했다는 지극한 효도 이야기는 너무나 유명
합니다.

사리불과 목건련은 석가모니 부처님보다 먼저 입멸했기 때문에
교단의 우두머리는 다음의 마하가섭에게 돌아갔습니다.

마하가섭은 소욕지족少欲知足의 두타행을 실천한 분으로 부처님
의 열반 후 불교교단의 상수上首가 되었습니다. 특히 선종禪宗에서
는 부처님의 법을 받은 제일조第一祖로 여기는 분입니다.

아나율은 항상 잠이 많아 부처님 앞에 앉아 졸다가 꾸중을 들은
뒤 그때부터 자지 않고 수행 정진하다가 눈이 멀었으나 끝내 천안
통을 얻었다고 합니다.

수보리는 『금강경』의 주인공으로, 공空의 이치를 분별하는 데는
그를 따를 자가 없었다고 전해집니다.

부루나는 부처님의 법을 광설廣說하여 의리義理를 분별하는 데
가장 수승한 분으로, 수로나국國의 사람들이 포악하다는 말을 듣
고 부처님의 허락을 받아 그곳에 가 오백 명의 우바새를 설법하고

오백 개의 사원을 세우고 그곳에서 열반에 들었다고 전해집니다.

가전연은 국왕의 명을 받고 부처님을 영접하러 갔다가 법을 듣고 출가한 사람입니다. 뜻을 분별하여 교리를 논의하는 데 있어서는 최고의 제자가 된 분입니다.

우바리는 석가족의 왕실 이발사였습니다. 천민 출신이라 출가를 망설였으나 부처님께서 그의 출가를 허락하였습니다. 출가 후에는 계율을 잘 지켜 율장律藏의 제일조第一祖로 추앙받았다고 합니다.

라훌라는 석가모니 부처님의 아들로서 계율을 깨뜨리지 않고 교리를 익히는 데 나태하지 않으며, 남몰래 선행에 앞장섰다고 합니다.

아난타는 부처님을 가장 오래 모시고 설법을 가장 많이 들었습니다. 부처님의 이모인 마하파사파제가 출가할 수 있도록 부처님께 간청을 드려 허락을 받았습니다. 또 제일결집第一結集 때 부처님께 들은 가르침을 외워 경전을 결집하도록 한 일 등은 유명합니다. 선종에서는 제이조第二祖로 추앙받고 있는 분입니다.

부처님을 따르던 제자는 수없이 많았지만 그중에서도 열 명의 빼어난 수제자에 대해서는 우리가 잘 이해하고 있어야 합니다.

부처님의 십대 제자를 비롯하여 계속해서 이어지는 부처님의 제자들은 십육 성인, 오백 성인, 독수 성인, 천이백 성인 등 헤아릴 수 없이 많습니다. 그런 자비스러운 성인들께 지극한 마음으로 예배를 드리는 것입니다.

이 대목에서 나오는 **아라한**이라고 하는 것은 그냥 줄여서 나한이라고 합니다. **아라한**은 수양이 높고 도를 많이 닦은 성인을 이르는 말입니다. 대승불교에서는 시대나 상황에 따라 **아라한**을 보살이라고도 할 수 있습니다. 또 뜻의 차이는 있지만 흔히 선지식 · 큰스님 · 응공應供 등으로 불리워집니다.

십육성은 십육 나한을 말합니다. **오백성**은 오백 나한이라고 해서 그분들을 모셔 놓은 유명한 사찰도 많이 있습니다. 전해 내려오는 이야기로는 오백 마리의 원숭이가 부처님께 공양을 올린 공덕으로 오백 나한이 되었다고 합니다.

가섭불 당시에 오백 마리의 원숭이가 사람들이 부처님께 공양 올리는 것을 보고 자기들도 공양 올리는 것을 흉내내려고 했습니다. 오백 마리의 원숭이들은 남들과는 다른 공양을 올리기로 의논했습니다. 그것은 다름 아닌 못에 비친 둥근 달을 건져서 부처님께 바치기로 했던 것입니다. 오백 마리의 원숭이들은 나무에 올라가 서로 손을 뻗어 맞잡고 줄처럼 길게 늘어뜨려 물 속에 비친 달을 건지려고 애쓰다가 그만 모두 죽게 되었습니다. 오백 마리의 원숭이들은 죽어서 훌륭한 도인으로 다시 태어나 부처님의 훌륭한 제자가 되었다고 합니다.

이러한 내용을 뒷받침하는 말이 '연비산산공착영連臂山山空捉影'이라고 하는 것입니다. 그것은 '원숭이들이 팔을 뻗어 부질없이 못에 비친 달 그림자를 건지려 하네'라는 뜻입니다. 그분들이 바로 오백 나한입니다.

부처님을 늘 따라다니던 제자는 구체적으로 천이백오십오 명입니다. 그 속에는 십대 제자를 비롯해서 십육 나한, 오백 나한이 모두 포함됩니다. 그런 제자들은 모두 덕이 높은 성인의 지위에 오른 자비스러운 분들이므로 지극한 마음으로 귀의하고 예배드리는 것입니다.

그리고 **독수성**이란 스승의 가르침 없이 홀로 수행하여 깨달음을 성취한 성인이란 뜻으로, 자연의 변화와 연기의 법칙을 깊이 관찰하여 우주 만유의 이법理法을 깨달은 분들입니다. 그분들의 깨달음과 덕을 높이 받들어 예배의 대상으로 섬기며 존경받을 승보로 귀의하고 예배드리는 것입니다.

3. 법의 등불은 언제까지나 온 누리를 밝힌다

:

지심귀명례 서건동진 급아해동 역대전등
至心歸命禮 西乾東晋 及我海東 歷代傳燈

제대조사 천하종사 일체미진수 제대선지식
諸大祖師 天下宗師 一切微塵數 諸大善知識

서건과 동진과, 그리고 우리 해동의 역대로 법등을
전해 받으신 모든 큰 조사님과 천하의 종사님과
일체 미진수의 모든 큰 선지식님께 지극한 마음으로
이 목숨 바쳐 귀의하며 예배드리옵니다.

풀이

부처님의 나라 인도와 중국과 그리고 우리나라의 대대로 부처
님의 법의 등불을 전해 받고, 전해 주신 모든 위대하신 조사님께

귀의합니다. 부처님의 종풍을 드날리신 천하의 모든 종사님께 귀
의합니다. 먼지처럼 많고 많은 모든 훌륭한 선지식께 지극한 마음
으로 이 목숨 다해 귀의하며 받드옵니다.

해 설

여섯 번째의 **지심귀명례**도 승가에 대한 것입니다. 부처님 열반
후에 역대로 내려오면서 도를 이룬 훌륭한 스님들에 대한 예배입
니다.

오늘날 부처님의 법이 이 땅에 전해질 수 있었던 것은 먼지처
럼 헤아릴 수 없이 많은 큰 스승들이 있었기 때문입니다. 그렇기
때문에 그분들에게 지극한 마음으로 귀의하며 예배드리는 것입
니다.

서건동진 급아해동에서 서건은 인도, 동진은 중국, 해동은 우
리나라를 일컫는 말입니다. 이렇게 삼국을 거치면서 불법이 전해
진 것입니다. **역대전등**은 삼국을 통해서 역사적으로 법의 등불이
끊어지지 않고 전해졌다는 것입니다.

불법을 전한 헤아릴 수 없이 많은 훌륭한 여러 도인 스님으로
조사와 종사와 선지식이 있습니다. 조사와 종사와 선지식에서,
조사는 가장 덕 높은 스님의 칭호로서 함부로 쓸 수 없는 이름입
니다. 조사 다음으로 높은 스님을 일컬어 종사라고 칭하는데, 돌
아가신 후에 붙이는 수가 많습니다. 그 다음으로 덕 높으신 훌륭
한 스님께 쉽게 들 수 있는 칭호가 바로 선지식입니다.

선지식은 부처님이 말씀한 교법敎法을 전하여 다른 이로 하여금

고통의 세계를 벗어나 이상경理想境에 이르게 하는 사람을 이르는 말입니다. 흔히 선지식을 선우善友, 승우勝友, 친우親友, 선친우善親友라고 부르기도 합니다. 다시 말해서 선지식은 남녀, 노소, 귀천을 가리지 않고 불법과 인연을 맺게 하여 주는 사람을 가리키는 말입니다.

인도, 중국, 한국의 삼국을 통해 역대로 내려오면서 부처님의 법의 등불을 전하신 훌륭한 많은 조사 스님, 천하의 종사 스님, 먼지처럼 헤일 수 없이 많은 일체의 여러 큰 스승님들께 지극한 마음으로 귀의하고 예배드리는 것입니다. 불법이 오늘에 이르기까지 보존되고 전해진 것은 이분들의 훌륭한 덕이 있었기 때문입니다.

4. 나무가 무성하면 숲도 울창하다
:

지심귀명례 시방삼세 제망찰해 상주일체 승가야중
至心歸命禮 十方三世 帝網刹海 常住一切 僧伽耶衆

시방과 삼세, 제망과 찰해에 항상 계시는
일체 승가에게 지극한 마음으로 귀의하며
이 목숨 바쳐 귀의하며 예배드리옵니다.

풀이

시방세계에 두루 계시고 과거·현재·미래에 항상 계시는 모든
승가께 귀의합니다. 제석천궁帝釋天宮의 그물에 달린 구슬처럼 중
중무진重重無盡한 모든 부처님의 가족 사부대중四部大衆에게 지극한
마음으로 이 목숨 다해 귀의하며 받드옵니다.

해 설

마지막 일곱 번째의 **지심귀명례**도 승가에 대한 것입니다. 여기서는 불교를 좋아하는 모든 부처님의 가족에 대한 예배입니다.

승가는 범어의 상가Saṃgha를 음역한 것입니다. 승가는 그냥 줄여서 승僧이라고도 하는데, 그것은 개개인을 일컫는 말이 아니라 집단을 의미합니다. 그래서 '무리'라는 뜻으로 중衆이라고 말하기도 합니다.

승가는 다시 두 가지 의미가 있습니다. 하나는 단순히 출가 승려만을 지칭하는 경우입니다. 다른 하나는 불교에 귀의하는 사부대중을 통칭하는 경우입니다. 사부대중이란 출가 승려인 비구, 비구니는 물론 재가 신자인 청신사, 청신녀를 모두 합한 것입니다. 결국 **승가**는 불교 단체, 불교 집단을 일컫는 말입니다.

승가는 대중이 모인 단체이기는 하지만 그냥 막연하게 모인 것이 아닙니다. 부처님과 진리를 따라 올바른 수행을 하는 사람들이 모인 화합된 단체입니다. 그래서 **승가**를 **화합중**和合衆이라 말하기도 합니다.

경전에서는 **승가**에 대해 나무를 들어 비유하고 있습니다. **승가**는 큰 나무가 무더기로 모인 수풀과 같습니다. 비록 개개의 나무는 수풀이라 하지 않지만 그 나무가 없으면 수풀 또한 없는 것입니다. 수풀은 개개의 나무가 무성할 때에 되는 것입니다. 또 무성한 수풀이 될 때 개개의 나무도 무성하게 자라날 수 있습니다.

그러므로 모든 대중이 여법如法하게 화합할 때 비로소 진정한 **승가**가 이루어지는 것입니다.

승가란 진리와 더불어 살려는 어진 이들의 집단입니다. 개인의 생사해탈은 물론이거니와 남도 그렇게 하여 하나로 화합될 때 바람직한 **승가**가 되는 것입니다.

승가와 떼어서 생각할 수 없는 것이 바로 계율입니다. 만약 **승가**에서 계율이 없어진다면 그것은 **승가**의 기능을 상실한 것과 같습니다. 계율에 대해서는 앞에서도 살펴보았듯이 형식적인 계율 자체에 얽매일 것이 아니라 자기 수양의 밑거름으로 삼아야 할 것입니다. **승가**의 의미와 함께 계율이란 강압적이며 구속적인 것이라기보다는 자율적인 행위의 덕목으로 삼아 수행을 도와주는 것으로 받아들여야 할 것입니다.

부처님의 근본 사상에 비추어 볼 때 모든 사람은 예배를 받아 마땅한 존재입니다. 그렇기 때문에 시방과 삼세에 두루 넓게 펼쳐져 있는 부처님의 모든 가족들에게 지극한 마음으로 귀의하고 예배드리는 것입니다.

제6장

회향

1. 가피력, 진실 생명의 무한한 힘

:

유원 무진삼보 대자대비 수아정례 명훈가피력
唯願 無盡三寶 大慈大悲 受我頂禮 冥熏加被力

오직 원하옵나니 다함 없는 삼보 대자대비시여,
저희의 정례를 받으시고 가피력을 명훈하소서.

풀 이

오직 원하옵나이다. 한량없고 다함 없는 삼보님이시여, 대자대
비로 저희들의 귀의와 예배를 받으시고 삼보님의 무한한 가피력
을 언제나 내려주소서. 부디 원하옵나이다.

해 설

우리가 기도를 드리거나 예배를 올린 후에는 반드시 소원을 발

하게 됩니다. 다시 말해서 모든 불교적인 의식 끝에는 공통된 소원이 반드시 따라옵니다. 여기서는 불·법·승 삼보께 예배함으로써 결과적으로 얻을 수 있는 어떤 영향력을 나타내고 있습니다.

유원 무진삼보 대자대비 수아정례 명훈가피력은 개인적인 일차적 소망입니다. 그 뜻을 풀이하면 '오직 원하옵나니 끝없는 삼보께서는 대자대비를 베푸시어 내가 지금 엎드려 예배드리오니 가만히 가피력을 내려주십시오'라고 해석할 수 있습니다.

여기서 개인적인 소망을 나타낸 **가피력**에 대해서 잘 새겨볼 필요가 있습니다. 가피에는 현훈가피顯熏加被와 명훈가피冥熏加被가 있습니다. 현훈가피는 우리가 인식할 수 있을 정도로 드러나게 영향력을 받는 것이며, 명훈가피는 자신이 느끼지 못하는 사이에 어떤 영향력을 받는 것을 말합니다. 거의 대부분의 가피는 명훈가피에 속합니다.

쉽게 말해서 현훈가피는 오로지 한 가지에 매달려 기도했을 때 꿈 속에 현몽하여 은혜를 받거나 소원하는 바를 직접적인 방법으로 해결하는 것을 말합니다. 꿈 속에서 어떤 노인이 나타나 머리를 확 **빼갔는데** 그 다음부터는 머리가 안 아팠다거나, 시험을 앞두고 꿈에서 연필을 얻었는데, 시험을 잘 쳤다는 등의 이야기는 현훈가피에 속합니다.

반면에 명훈가피는 자기 자신도 느끼지 못하는 사이에 어떤 힘을 얻는 것을 말합니다. 예를 들어 주위로부터의 용기나 격려, 또한 그들의 구체적인 힘을 통해 자기에게 영향을 미치는 것 등은 모두 명훈가피입니다.

우리가 기도를 하거나 어떤 일을 결심하고 노력하면 그 가운데 얻어지는 어떤 뿌듯함이나 자신감, 기대감 등의 감정은 명훈가피에 속하는 것입니다. 그렇기 때문에 명훈가피의 범위는 매우 광범위하며, 그것은 우리에게 소리없이 가만히 내려지는 것입니다. 불교를 믿는 사람 중에는 가피력에 대해 불신하는 경우가 있습니다. 다시 말해서 기도를 해도 별 영험이 없다고 속단하는 수가 있는데, 그것은 잘못된 생각입니다. 관세음보살을 단 한 번만 불러도 그 영향력은 있습니다. 또 절을 하면 한 만큼 공덕에 대한 영향력은 존재합니다.

모든 사물에는 사물마다 그 나름대로의 자장대가 있습니다. 다시 말해서 자석처럼 서로 끌어당기고 밀어내는 힘이 있는 것입니다. 인간에게는 그 힘이 다른 물질보다 훨씬 더 큽니다. 그래서 부처님이나 보살님을 그릴 때는 푸른 후광後光을 그려 넣습니다. 그 후광은 다른 말로 '오라aura'라고 하는데 일종의 자장대 역할을 하는 것입니다.

오라는 과학적으로 증명되어 의학에서 원용하고 있습니다. 티벳불교에서 덕이 높은 림포체 스님들은 육안으로 오라를 관찰한다고 합니다. 모든 물질이 갖고 있는 자장대는 서로 영향을 주고받습니다. 우리가 모르는 사이에 엄청난 파장을 서로 쏘아 보내고 받는 것입니다.

한 가지 쉬운 예로, 동굴 속의 박쥐는 캄캄한 데서도 정확하게 먹이를 감지하여 빠른 속도로 벌레를 잡아먹습니다. 다시 말해서 박쥐는 일정한 파장을 쏘아 보내는 가운데 먹이의 파장과 맞아떨어지는 순간, 순식간에 먹이를 잡는 것입니다.

또 수초를 넣은 어항과 수초를 넣지 않은 어항 속에서 자라는 금붕어의 성장 속도는 서로 다릅니다. 그것 역시 서로가 서로에게 미치는 영향력 때문입니다.

보다 강력한 영향력을 미치는 것으로 조개의 성질을 알아보면 쉽게 이해할 수 있을 것입니다. 조개는 물속에서 자랍니다. 그중에서도 모래 밑에 숨어서 잘 움직이지 않습니다. 그러고 있다가 달이 그믐인지 보름인지를 감지하고 껍질 밖으로 나와서 주기적으로 춤을 춘다고 합니다. 달의 기울고 찬 것에 따라 춤추는 양이 다른데, 만월 때는 온몸을 밖으로 내밀어 춤춘다는 것입니다. 조개와 같은 작은 미물도 저 바다 밑 모래 속에 있으면서도 달의 영향력을 느끼고 활동을 하는 것입니다. 이것은 과학적으로 입증된 사실입니다.

큰 법당에서 한 사람이 기도를 하고 있는데 거기에 다른 한 사람이 와서 또 기도를 하면 엄청난 영향력을 느낄 수 있습니다. 자기도 모르는 사이에 자장대가 형성되어 상대에게 쏘아 보내고 또 상대편으로부터 파장을 받기 때문입니다. 미미한 중생들은 그 능력이 미약하지만 부처님이나 보살님과 같은 훌륭한 능력을 가진 분은 엄청난 힘을 지니고 있습니다. 앞에서도 잠깐 언급했지만 인간은 하나의 거대한 방송국과 같습니다. 우리가 기도를 하는 것은 부처님의 생명과 자기 자신의 생명이 둘이 아니기 때문에 기도를 통하여 자신 속에 있는 부처님의 무한한 영향력을 끌어내는 것입니다. 또 자기의 힘으로 발휘될 때 그것이 바로 가피인 것입니다.

우리가 전깃불을 밝히려면 먼저 전기선이 연결되어 있어야 하는 것처럼 부처님과 자기 자신이 하나의 선으로 연결되어 있음을 명심해야 합니다.

또 아무리 전기선이 연결되어 있어도 스위치를 켜지 않으면 전깃불은 빛을 발할 수 없습니다. 다시 말해서 전기가 들어오는 일과 전기를 켜는 일이 하나가 될 때 비로소 전깃불은 밝은 빛을 발하는 것입니다. 그래서 기도에 대한 올바른 인식이 필요합니다. 기도를 하게 되면 틀림없이 가피력을 받는다는 확신을 갖고 기도를 할 때 소원하는 바를 성취할 수 있습니다.

기도는 지극히 과학적입니다. 우리가 마음을 골똘히 한곳에 집중시켜 기도를 했을 때, 그 영향력은 우주에 파장을 일으켜 어떤 모양으로든 나타나게 되어 있습니다.

기도를 하는 동안 얼마만큼 마음이 모아지고 집중이 되었느냐에 따라 결과는 크게 달라집니다. 마음에 온갖 욕심을 버리고 오롯한 마음으로 기도한다면 자기가 갖고 있는 능력을 최대한 발휘할 수 있습니다.

우리가 제대로 주파수만 맞춘다면 우주에 충만한 무한한 힘을 얼마든지 끌어낼 수 있습니다. 하찮은 미물도 영향을 주고받는데 만물의 영장인 인간의 힘이란 이보다 위대한 것입니다.

그러한 믿음이 없으면, 아무리 기도를 한다 해도 시간낭비일 뿐입니다. 우리의 정신작용이 눈에 보이지 않고 만져지는 것이 아니라고 해서 가피가 없다고 부정하는 것은 크게 잘못된 생각입니다.

이런 의미에서 정확한 방법으로 기도하는 것은 매우 중요한 일입니다. 가피가 없다고 부정할 것이 아니라 올바른 방법으로 기도에 임하는 것이 우선되어야 합니다. 기도를 하는 목적이 부처님의 가피력을 얻는 것이라면, 부처님의 주파수를 알아서 그 주파수에 맞는 마음가짐을 가져야 합니다. 그렇게 할 때 가피력은 내려지는 것입니다.

기도하는 올바른 방법의 첫째는 기도하는 마음에서 욕심을 없애는 것입니다. 기도를 하기 전에 갖는 원력이 기도를 하는 동안에도 내내 욕심으로 변하여 마음을 가득 채우고 있다면 부처님께서 가피력을 내리고 싶어도 색깔이 분명치 않아 영험을 입힐 수 없습니다. 기도하는 그 순간에는 마음을 텅 비워야 합니다.

다음으로는 기도하는 마음에는 절대 부정적인 생각을 하지 말아야 합니다. 마음이 부정적인 생각으로 가득 차 있으면서 기도하는 것은 마치 스스로 마음의 거울에 먹칠을 해 놓고 거기에 자신의 얼굴이 비치기를 바라는 것과 같습니다. 그렇기 때문에 기도할 때는 오직 긍정적이고 희망적이며 마음에 바라는 바가 이미 확실하게 성취된 것으로 믿고, 기쁘고 감사하는 마음으로 기도해야 합니다. 그리고 무슨 일이든 이해하려는 마음을 가져야 합니다. 그런 마음으로 기도할 때 반드시 가피력은 있게 마련입니다.

가피력에 대해 부정한다면 그것은 이미 불자의 자격을 상실한 사람입니다. 우리가 그저 눈에 보이는 세계만을 알고 있는 것은 좁은 안목에 불과합니다. 성숙한 인간은 보이지 않는 눈 밖의 세계에 대한 이해가 더욱 깊습니다.

대개의 경우, 자신의 주파수만 잔뜩 높여 놓고 부처님의 주파수를 제대로 못 찾는 수가 많습니다. 그런 자신의 잘못된 기도에 대해 탓할 생각은 하지 않고 가피력이 없다고 하는 것은 불교에 대한 올바른 이해가 부족한 것입니다.

우리가 욕심을 비우고 지극한 마음으로 기도를 드릴 때, 우주의 거대한 힘과 자기 자신이 한순간 교신됨을 느낄 수 있을 것입니다. 그런 기도의 힘이 쌓이면 우리의 삶 속에 무한한 자신감과 생명력이 생깁니다. 하고자 하는 일들이 성취될 것임은 분명한 사실입니다. 왜냐하면 우리는 서로 영향을 주고받기 때문입니다.

2. 원력은 생명력

:

원 공 법 계 제 중 생   자 타 일 시 성 불 도
願共法界諸衆生 自他一時成佛道

원컨대 다 함께 법계(法界) 모든 중생들
자신도, 타인도 일시에 불도를 이루어지이다.

풀 이

온 누리 모든 중생들, 나도 남도 다 함께 부처님의 깨달음을 이루기를 원하나이다.

해 설

명훈가피력에 이어지는 **원공법계 제중생 자타일시성불도**는 모든 사람들의 공통된 소원에 해당하는 부분입니다.

이 구절에서 불교인의 기본정신과 자세를 읽을 수 있습니다. 즉 자기 자신만이 불도를 이룰 것이 아니라 이 세상에 존재하는 모든 사람이 다 함께 불도를 성취하는 것이 불교의 궁극 목표인 것입니다.

불교는 개인적인 소원을 통해서 모든 사람이 성불하는 것이 최종 목적입니다. 그래서 맨 마지막에는 항상 모든 중생이 다 함께 성불하게 해 달라는 내용을 담은 구절이 따라다닙니다.

이 세상은 연기의 법칙으로 이루어져 있으므로 자기 혼자만의 길이란 없습니다. 모든 사람은 서로서로 연결되어 있습니다. 원리적으로 따져볼 때 다 함께 성불하는 것만이 자기 자신의 성불도 가능하게 해줍니다.

불교는 반드시 원력을 가지도록 가르칩니다. 원력은 바로 생명력이기 때문입니다. 그 생명력은 살아가는 데 있어서 희망과 꿈과 포부와 기대를 갖게 합니다. 그것은 곧 무한히 뻗어 발전하게 하는 원동력이 됩니다. 불교적인 삶이란 원대한 포부와 꿈과 희망에 넘친 삶을 살아가는 것임을 잊지 말아야 합니다. 그래서 맨 마지막에는 반드시 원력이 따라오는 것입니다.

불자로서 가장 올바른 원력은 바로 자기 자신이 부처님이나 보살님과 같은 인생이 되겠다고 맹세하는 것입니다. 사람은 누구나 원력을 갖고 있습니다. 인간에게 원력이 없다면 그것은 죽은 것과 같습니다. 늙음과 젊음의 차이도 나이에 관계없이 바로 원력이 있느냐, 없느냐에 따라 달라질 수 있습니다.

원력은 우리에게 의욕을 가져다 줍니다. 육체적인 생명이 다할 때까지 순간순간 원력을 갖고 살아간다면 그 사람은 영원한 젊음을 갖는 것입니다. 불교의 가르침이 많지만 그중에 영원히 젊게 사는 비결이 있다는 것을 잊지 말아야 합니다. 원력을 가질 때 우리는 항상 기대감을 가질 수 있습니다.

원력은 바로 우리 속에 내재된 생명력을 일깨우는 소리입니다. 지금 이 순간, 바로 자신이 처한 곳에서 힘찬 생명력을 불러일으켜야 할 것입니다.

이상으로 「예불문」의 강의를 모두 마치겠습니다.

「예불문」은 예불드릴 때 외우는 것이기 때문에 매일 접하는 것입니다. 그 내용은 부처님과 부처님의 가르침과 부처님의 단체에 대한 예배입니다.

불佛 · 법法 · 승僧 삼보三寶는 깨달음의 저 언덕에 이르기 위한 소중한 귀의처歸依處가 됩니다. 불교교리의 기본이며 진수眞髓만을 뽑아 놓은 「예불문」을 통해 신앙생활의 밑바탕을 튼튼히 다지기를 기원합니다.

성불하십시오.

부
록

예불문

다게 (아침)
茶偈

아금청정수 변위감로다 봉헌삼보전
我今淸淨水 變爲甘露茶 奉獻三寶前

원수애납수 원수애납수 원수자비애납수
願垂哀納受 願垂哀納受 願垂慈悲哀納受

오분향게 (저녁)
五分香偈

계향 정향 혜향 해탈향 해탈지견향
戒香 定香 慧香 解脫香 解脫知見香

광명운대 주변법계 공양시방 무량불법승
光明雲臺 周徧法界 供養十方 無量佛法僧

헌향진언
獻香眞言

옴 바아라 도비야 훔 (3번)

지심귀명례 삼계도사 사생자부 시아본사 석가모니불
至心歸命禮 三界導師 四生慈父 是我本師 釋迦牟尼佛

지심귀명례 시방삼세 제망찰해 상주일체 불타야중
至心歸命禮 十方三世 帝網刹海 常住一切 佛陀耶衆

지심귀명례 시방삼세 제망찰해 상주일체 달마야중
至心歸命禮 十方三世 帝網刹海 常住一切 達磨耶衆

지심귀명례 대지문수사리보살 대행보현보살
至心歸命禮 大智文殊舍利菩薩 大行普賢菩薩

대비관세음보살 대원본존지장보살마하살
大悲觀世音菩薩 大願本尊地藏菩薩摩訶薩

지심귀명례 영산당시 수불부촉 십대제자 십육성
至心歸命禮 靈山當時 受佛付囑 十大弟子 十六聖

오백성 독수성 내지 천이백 제대아라한 무량자비성중
五百聖 獨修聖 乃至 千二百 諸大阿羅漢 無量慈悲聖衆

지심귀명례 서건동진 급아해동 역대전등 제대조사
至心歸命禮 西乾東晋 及我海東 歷代傳燈 諸大祖師

천하종사 일체미진수 제대선지식
天下宗師 一切微塵數 諸大善知識

지심귀명례 시방삼세 제망찰해 상주일체 승가야중
至心歸命禮 十方三世 帝網刹海 常住一切 僧伽耶衆

유원 무진삼보 대자대비 수아정례 명훈가피력
唯願 無盡三寶 大慈大悲 受我頂禮 冥熏加被力

원공법계제중생 자타일시성불도
願共法界諸衆生 自他一時成佛道

무비 스님의 예불문

초판 1쇄 펴냄 2005년 9월 15일
3판 1쇄 펴냄 2017년 2월 28일
3판 3쇄 펴냄 2024년 6월 20일

강　　설 | 무비 스님
발 행 인 | 원명

펴 낸 곳 | (주)조계종출판사
출판등록 | 제2007-000078호(2007.04.27.)
주　　소 | 서울시 종로구 삼봉로 81 두산위브파빌리온 1308호
전　　화 | 02-720-6107
팩　　스 | 02-733-6708
구입문의 | 불교전문서점(www.jbbook.co.kr) 02-2031-2070

ⓒ 무비 스님, 2005

ISBN 979-11-5580-080-5 03220